中国—东盟研究

CHINA-ASEAN STUDIES

2017年第一辑（总第一辑）

中国—东盟区域发展协同创新中心◎编

中国社会科学出版社

图书在版编目(CIP)数据

中国—东盟研究 . 2017 年 . 第一辑：总第一辑 / 中国—东盟区域发展协同创新中心编 . —北京：中国社会科学出版社，2017. 3

ISBN 978 - 7 - 5161 - 9868 - 1

Ⅰ. ①中…　Ⅱ. ①中…　Ⅲ. ①自由贸易区—区域经济发展—研究—中国、东南亚国家联盟　Ⅳ. ①F752. 733

中国版本图书馆 CIP 数据核字(2017)第 031393 号

出 版 人　赵剑英
责任编辑　陈雅慧
责任校对　王新乐
责任印制　戴　宽

出　　版　中国社会科学出版社
社　　址　北京鼓楼西大街甲 158 号
邮　　编　100720
网　　址　http://www.csspw.cn
发 行 部　010 - 84083685
门 市 部　010 - 84029450
经　　销　新华书店及其他书店

印　　刷　北京明恒达印务有限公司
装　　订　廊坊市广阳区广增装订厂
版　　次　2017 年 3 月第 1 版
印　　次　2017 年 3 月第 1 次印刷

开　　本　710 × 1000　1/16
印　　张　10. 75
插　　页　2
字　　数　201 千字
定　　价　42. 00 元

凡购买中国社会科学出版社图书，如有质量问题请与本社营销中心联系调换
电话：010 - 84083683

《中国—东盟研究》编辑部

许宁宁：中国—东盟商务理事会执行理事长

王玉主：中国社会科学院亚太与全球战略研究院区域合作研究室主任

魏　玲：外交学院中国外交理论研究中心主任

李晨阳：云南大学社会科学处处长、缅甸研究院院长

张振江：暨南大学国际关系学院院长、华人华侨研究院院长

李建军：中央财经大学金融学院院长

范宏伟：厦门大学南洋研究院副院长、《南洋问题研究》主编、编辑部主任

范祚军：广西大学中国—东盟研究院常务副院长

李明江：新加坡南洋理工大学副教授

胡逸山：马来西亚战略与国际问题研究所研究员

程　成：广西大学中国—东盟研究院研究员

特约编审：

谭秀英：原任中国社科院《世界经济与政治》主编，现任国际关系学院《国际安全研究》主编。

马燕冰：原任中国现代国际关系研究院研究员，东盟问题专家，现任清华大学国际关系学院《国际政治科学》杂志副总编。

主编兼编辑部主任：范祚军

执行主编：程成

副主编：王海峰、盛玉雪

责任编辑：陈才建、何欢、王勇、赵乐子、甘若谷

目录

CONTENTS

经济与金融

会议与文献

时事与人物

附 录

Contents

Economics and Finance

Conference and Literature

Event and People

Appendix

首刊寄语

徐　步

《中国—东盟研究》创刊，是中国—东盟关系研究界的一件大事，令关心并致力于中国—东盟关系建设的人倍感兴奋。

东盟是东亚地区重要的区域组织，在东亚区域合作当中发挥着关键作用。2015 年底，东盟宣布建成包括政治安全共同体、经济共同体和社会文化共同体“三大支柱”在内的东盟共同体。这是东亚一体化进程中具有里程碑意义的大事。

东盟是中国周边外交的优先方向，也是中国实施“一带一路”倡议的重要合作伙伴。2013 年，习近平主席提出中国与东盟国家共建“21 世纪海上丝绸之路”，倡导携手建设更为紧密的中国—东盟命运共同体，为中国—东盟关系长远发展指明了方向。同年，李克强总理进一步提出“2 +7 合作框架”，为中国—东盟各领域务实合作做出了规划。

今年是中国与东盟建立对话关系 25 周年。25 年来，双方各领域合作取得丰硕成果。2015 年双方贸易额达到 4722 亿美元，中国连续 7 年成为东盟最大贸易伙伴，东盟连续 5 年成为中国第三大贸易伙伴，累计双向投资超过 1600 亿美元。双方人文交流日益频繁，双向留学生达 18 万人，年度人员往来超过 2300 万人次，中国已成为东盟第一大游客来源国。

中国—东盟关系已从快速发展的“成长期”进入提质升级的“成熟期”。如何进一步发展中国—东盟关系，使之继续成为东亚地区繁荣发展的引擎与和平稳定的基石，是摆在我们面前的一个重大课题。《中国—东盟研究》搭建了一个展示和交流研究成果的高层次平台，其创办可谓顺时应势，大有可为。我认为，要办好这一刊物，需要着重处理好以下几组关系：

一是理论与实际的关系。理论与实践相结合，是搞好学术研究的基本前提。中国—东盟关系的发展需要与时俱进的理论支撑，离不开专家学者的建言献策。中国—东盟关系涵盖领域广泛，双方官民互动频繁，为我们提供了丰富的研究对象与课题。我们的研究应该着眼于双方人民所需，扎根于双方务实合作，致力于解决双方关注的具体问题，使之对中国—东盟关系发展产生切实的推动作用。

二是整体与个体的关系。东盟形成共同体，整体特色进一步凸显。与此同时，东盟十个成员国发展阶段和社会制度不同，历史背景与文化理念各异，其鲜明的差异性和多元性，要求我们在进行中国—东盟研究时，既要从整体角度把握东盟作为地区组织的发展方向，也要从国别研究入手，密切跟踪每个成员国政治、经济、社会发展状况，从而探究不同成员国对东盟发展的影响。

三是对内与对外的关系。《中国—东盟研究》既是研究东盟问题的中国学者进行学术交流的载体，也应当成为中国学者和外国学者，特别是中国与东盟学者互学互鉴的平台。观点交锋、思想碰撞对学术研究的促进与发展不可或缺。只要是真正着眼于倡导中国—东盟友好合作、致力于推动本地区和平稳定的文章、观点，都应当在这份刊物中得到充分反映。我相信出版《中国—东盟研究》英文版将有助于实现这一目标。

最后，祝愿《中国—东盟研究》越办越好，为促进中国—东盟关系健康稳定发展不断作出贡献。

徐步

中国驻东盟大使

2016 年 10 月 15 日

特　稿

推动中国—东盟关系要靠智慧与创新

张蕴岭

【摘要】新中国成立后，中国与东南亚国家的关系经历了反复曲折，直到冷战结束以后才实现了全面的正常化，此后才进入了一个新的阶段。1991年中国与东盟建立了对话关系，从对话走向合作，使双方关系不断拓展，不断深化。如今，中国与东盟之间的关系面临着许多新的挑战，进入一个新的发展时期。展望未来，在新的时期，面对新的形势，双方都有着化解分歧，增进信任，深化合作的意愿，也有着构建更加紧密合作关系的基础。不进则退，让双方的关系得到提升，既靠意志，也靠智慧，更靠创新。

【关键词】中国—东盟关系 创新

【作者简介】张蕴岭，中国社会科学院学部委员、国际研究学部主任，全国政协委员，中国—东盟区域发展协同创新中心首席科学家。

一 中国—东盟关系来之不易

中国与东盟虽是近邻，也有着长期的交往历史，但第二次世界大战结束后，在冷战背景下，双方的关系并不好，在许多方面，甚至处于对立状态。20世纪70年代中后期，在中美关系解冻，特别是中国实施改革开放的大背景下，中国与东盟国家的关系开始改善，1974年和1975年，马来西亚、菲律宾和泰国先后与中国建交。1975年，中国正式承认东盟组织。1978年，中国领导人邓小平先后访问了泰国、马来西亚和新加坡，为开拓与东盟国家的新关系奠定了基础。其后，在解决柬埔寨问题上，中国与东盟进行有效合作，为东南亚地区实现和平做出了贡献，从而增进了双方的信任，开启了新的合作进程。

20 世纪 80 年代，中国与东盟主要国家的关系得到了快速的发展，经贸合作不断扩大，政治关系大体稳定。其间，有关南海岛礁的领土主权纠纷泛起，中国提出了“搁置争议、共同开发”的原则与倡议，得到了东盟国家的理解，为稳定南海局势，继续发展双方的交往与合作提供了有利的环境。

冷战结束为中国与东盟的关系发展提供了新的环境，到 20 世纪 90 年代初，中国先后实现了与老挝、印度尼西亚和越南的关系正常化，并与新加坡、文莱建立了外交关系，这使中国与东盟国家关系的发展进入了一个新的时期。随着所有东南亚国家加入东盟，中国与东盟这个区域组织的关系有了新的发展。①

1991 年 5 月，中国国务委员兼外长钱其琛致函东盟常务委员会主席、马来西亚外长巴达维，表示希望与东盟在政治、经济、贸易、科技和安全等各领域建立对话关系，东盟对此给予了积极的回应。7 月，巴达维代表东盟邀请钱其琛以东盟主席国外长贵宾的身份出席第 24 届东盟外长会，并与东盟 6 国外长举行了首次非正式会议。从中国与东盟关系的角度来说，这是一个新的开端，打开了中国—东盟对话的大门，双方在政治、经济、安全等各个领域开启了对话与合作的进程。次年，东盟把中国认定为“磋商伙伴”。1996 年，东盟把中国升格为“全面对话伙伴国”。从磋商伙伴到全面对话伙伴，这是一个基于信心与信任的升级。②

1997 年东盟国家爆发严重的金融危机，中国与东盟之间的合作得到了

---

① 中国与东南亚国家建立外交关系从 1950 年开始，直到 1991 年才完成。1950 年，中国与越南、缅甸、印度尼西亚三国建立外交关系，但与印度尼西亚、越南的关系一度中断，分别到 1990 年和 1991 年才恢复正常；1958 年中国与柬埔寨建立正式外交关系，但因柬埔寨国内政局变动，关系陷入困境，直到 1993 年才又走入正轨；1961 年，中国与老挝建立正式外交关系，但 20 世纪 70 年代和 80 年代出现波折，1989 年才恢复正常；1974 年和 1975 年，中国先后与马来西亚、菲律宾和泰国建立正式外交关系。中国与文莱于 1991 年建立正式外交关系，文莱是东盟成员中最后一个与中国建立正式外交关系的国家，这也标志着中国与东盟成员关系的一个转折点。

② 对于南海争端，中国提出了“主权归我、搁置争议、共同开发”的原则，对于提升信任起到了积极的作用。参见王玉主《影响中国—东盟关系的因素及未来双边关系的发展》，《学术探索》2010 年第 6 期，第 39 页；当然，东盟国家对中国的疑虑仍然存在，一些国家把中国作为威胁的认知长期存在。参见李晨阳《对冷战后中国与东盟关系的反思》，《外交评论》2012 年第 4 期。

加强。面对危机，中国坚持人民币不贬值，对遭受金融危机冲击的东盟国家提供金融支持，为东盟国家稳定货币，稳定金融市场和恢复经济提供了帮助，让东盟国家感到，中国是可信赖的和真诚的合作伙伴。与此同时，中国积极参加由东盟倡导的区域合作，包括“10+1”（东盟—中国）框架下的领导人对话机制，“10+3”（东盟—中日韩）框架下的东亚合作机制。1997年底，中国—东盟领导人首次对话会议发表宣言，确立了“中国与东盟面向21世纪的睦邻互信伙伴关系”新定位，把“睦邻”和“互信”作为双方关系的新坐标。

进入21世纪，中国—东盟关系得到深化和提升，其中，最为突出的是，双方加强了合作的制度建设。2000年，中国提议与东盟构建自贸区，得到东盟国家的积极响应。2002年中国与东盟签署《全面经济合作框架协议》，并就建立自贸区开展谈判。同年，中国与东盟国家签署《南海各方行为宣言》，就和平解决争议、共同维护地区稳定、开展南海合作达成共识。

2003年，中国加入《东南亚友好合作条约》，与东盟建立了面向和平与繁荣的战略伙伴关系。在战略伙伴关系框架下，双方建立了较为完善的对话合作机制，包括领导人会议、部长级会议和工作层对话合作机制。

2009年，中国决定派驻东盟大使，这标志着中国正式把东盟作为一个区域组织实体对待，在东盟区域整体框架下发展全面合作关系，由此，开启了中国—东盟关系的双轨机制（成员国双边与东盟整体）发展的新架构。

2010年1月，中国—东盟自贸区的货物贸易、服务贸易和投资三个领域的谈判全部完成，进入全面落实的阶段。中国—东盟自贸区的建设大大推动了中国与东盟之间的经济关系发展。在不长的时间内，中国成为东盟的第一大贸易伙伴，东盟成为中国的第三大贸易伙伴。与此同时，在经济合作框架文件指导下，中国与东盟开展了广泛的合作，涉及农业、信息产业、人力资源开发、投资、湄公河流域开发、交通、能源、文化、旅游、公共卫生和环保等领域，并且设立了中国—东盟合作基金、中国—东盟公共卫生合作基金、中国—东盟海上合作基金和中国—东盟投资合作基金等。

在国际和地区事务上，中国支持东盟在东亚合作进程中发挥主导作用，与东盟一道，积极参与和推动东盟与中日韩合作（10+3）、东亚峰会、东盟地区论坛、东盟防长扩大会议、亚洲合作对话会议、亚太经合组织、亚欧会议、东亚—拉美合作论坛等区域和跨区域合作机制的发展。

2013 年 10 月，新一届中国领导人访问东南亚国家，提出一系列新的理念和倡议，包括，携手建设中国—东盟命运共同体，商签“中国—东盟国家睦邻友好合作条约”，建设“21 世纪海上丝绸之路”，以及深化中国—东盟关系的“2 +7 合作框架”。①

2016 年 4 月，面对南海问题升温，中国外交部长王毅提出解决南海问题的“双轨思路”，即以落实《南海各方行为宣言》为出发点，坚持当事国双边谈判和发挥东盟在稳定中国—东盟合作大局上的重要作用并行，坚持和平解决争端，坚持对话、协商与合作的大方向，东盟对此给予了积极的回应。②

目前，中国与东盟都进入一个新的发展时期。在新的时期，正如中国领导人所指出的，双方需要“坚持讲信修睦”、“坚持合作共赢”、“坚持守望相助”、“坚持心心相印”、“坚持开放包容”，需要着眼于大局和长远利益，进一步深化合作，创造性应对各种挑战，在建设紧密命运共同体方面取得新的进展。③

二 中国—东盟关系发展经验

中国与东盟是邻居，双方的关系具有地缘和利益的特殊性。鉴于东盟是由东南亚 10 国组成的区域合作组织，中国与东盟的关系就有了两层框架：一是与各个成员国的双边关系，一是与东盟的整体关系。与成员国的双边关系是基础，由于东盟成员各国差别很大，东盟又不具备超国家的管理职能，因此，中国需要与它们发展各具特点的双边关系；而东盟体现了 10 个成员国的整体利益，是协调各成员国利益差别，形成整体利益共识的

① “2 +7 合作框架”是指深化战略互信和聚焦经济发展两点政治共识，与政治、经贸、互联互通、金融、海上、安全、人文七个重点合作领域，《李克强提出深化中国—东盟关系的两点政治共识和七点建议》，http：//gb. cri. cn/42071/2013/10/10/3245s4278021. htm，登录时间：2016 年 1 月 12 日。

② 《王毅：以“双轨思路”处理南海问题》，http：//news. xinhuanet. com/world/2014 - 08/09/c_ 1112007229. htm，登录时间：2016 年 5 月 7 日。

③ 《习近平：中国愿同东盟国家共建“21 世纪海上丝绸之路”》，http：//news. xinhuanet. com/world/2013 - 10/03/c_ 125482056. htm，登录时间：2016 年 6 月 25 日。

平台。显然，如何推动中国与东盟关系的良性发展，既需要合作意愿，也需要智慧创造。回顾与总结中国—东盟开展对话与合作的历程，至少可以归纳出以下几个方面的经验：

其一，中国与东盟之间从开展对话开始，双方的关系一步一步往前推进和提升，主要靠两个“共识”：一是重视对方的利益关切，坚持对话协商，寻求利益的共同点；二是从实际和需要出发，推进务实合作，扩大共享利益基础，实现互利共赢。中国与东盟之间有着巨大的差异，在一些问题上存在分歧，但基于相互尊重和相互信任，双方力求实现“求同存异”或者“求同化异”，不让分歧阻挡合作的进程，让合作的意识和共识成为主流。

其二，中国与东盟通过真诚对话与协商，逐步增加了解和信任，并以此为基础，逐步推动合作的机制化建设，把双方关系的发展纳入到法规导向与机制支持的轨道，这样，就可以保持双方关系发展的稳定性，增强双方合作关系的“抗冲击和抗风险”能力。

其三，东盟作为东南亚的区域组织，在整合本地区整体利益、构建东亚区域合作框架方面发挥着重要的作用，中国在发展与东盟国家的关系、参与和推动东亚区域合作的过程中，尊重和支持东盟发挥领导作用，积极参与东盟构建的各种区域机制，力求与东盟在各个重要的领域保持协调，让双方的行动同向而行。

其四，对于双方关系中出现的分歧和争端，基于维护双方关系稳定与合作利益的考虑，中国与东盟努力稳妥与创造性地处理争端，把主要的注意力和努力引向共谋发展上，不让争端成为干扰，甚至阻碍双方关系发展的主流因素。

这些经验既是对以往进程的总结，也对双方关系未来的发展有着指导性的作用。这些经验很好地体现在双方关系构建的具体实践之中。

（一）创造性构建中国—东盟自贸区

构建中国—东盟自贸区是双方关系发展的一个重要转折点，也是以智慧和创造性推动双方关系发展的一个很好例证。2000 年，中国主动提出倡议与东盟构建自贸区，双方很快就达成了共识。中国与东盟整体谈判构建自贸区是一个创举，在谈判中，创造了“中国—东盟自贸区方式”，其突出的特点是：

其一，创建“早期收获”方式，从不对等开放农产品市场开始，以此增进构建自贸区的共识。“早期收获”是通过让弱势参与方首先受益，来打造市场开放环境下的“利益分享和竞争公平”。相比较而言，中国在加工制成品方面具有竞争优势，而大多数东盟成员，特别是最不发达的国家，它们在农产品，特别是热带水果生产方面有优势，先开放农产品市场，就是让东盟成员尝到开放的好处。在此之前的自贸区谈判中，没有这样的先例。

其二，采取“先易后难”的谈判方式，先谈货物贸易市场开放，然后再谈服务贸易和投资开放，这样可以让谈判变得顺通，不会因为谈判中的“拦路虎”而让谈判进程停滞，甚至被搁置。分步谈判，边谈判边实施的方式符合中国—东盟的实际情况，中国和东盟在三个领域的谈判结束后，便立即启动了各个领域的新谈判进程，打造自贸区升级版，由此，自贸区建设成为一个动态提升的进程。

其三，鉴于东盟作为一个整体参与自贸区谈判，成员国存在差别，在开放进程上，充分考虑欠发达国家的参与能力，在市场开放安排上对“新成员”给予宽限期，并且就提高它们的能力，开展合作，提供培训，不让它们“掉队”。

其四，把经济合作作为自贸区建设的重要组成部分，为此，中国与东盟签署农业合作协议，共建中国—东盟博览会，设立经济合作基金。像中国—东盟博览会，由中国出资，双方共建，已经成为双方商品展示，多领域开展对话的重要平台。①

中国—东盟自贸区的建立大大有助于推动双方经济关系的发展。在世界性金融危机和经济危机的影响下，世界市场出现萎缩，而中国—东盟的贸易投资继续迅速增长。目前，中国与东盟的双边贸易额接近 5000 亿美元，计划到 2020 年达到 1 万亿美元的规模。其实，双方的经济关系发展不仅限于开放市场，贸易和投资等诸多领域的合作也在逐步扩大，比如，在构建跨区域基础设施网络，实现互联互通方面，在金融合作方面，在能力建设方面等，都启动了许多议程或者项目。

2015 年，中国与东盟完成自贸区的升级谈判，升级后的自贸区基本实现了货物贸易零关税的“全覆盖”（达到 95%），原来开放度不高的服务

---

① 张蕴岭：《在理想与现实之间》，中国社会科学出版社 2015 年版，第 99—106 页。

领域和投资领域都取得了新的进展，经济技术合作的水平进一步提高，合作的领域扩大，并且获得更多的资金支持。[①] 在东盟经济共同体建设和中国经济转型升级的情况下，双方坚持开放与合作的大方向，有望把中国与东盟建成一个大的经济开放与合作发展区，让中国与东盟的经济发展更为紧密地连接起来，实现更高水平的互利共赢。

（二）创造性构建战略伙伴关系

中国与四个东盟成员在南海岛礁归属和海域划界方面存在争端。早在20世纪80年代，中国领导人就提出关于"主权归我、搁置争议、联合开发"的主张，2002年中国与东盟发表《南海各方行为宣言》，承诺双方致力于共同维护南海地区的和平与稳定，承诺"由直接有关的主权国家通过友好磋商和谈判，以和平方式解决它们的领土和管辖权争议，而不诉诸武力或以武力相威胁"，"各方承诺保持自我克制，不采取使争议复杂化、扩大化和影响和平与稳定的行动"，并承诺为制定《南海行为准则》做出努力。[②] 南海问题复杂，涉及历史权益、国际法、国家间关系以及区域形势大局，《南海各方行为宣言》为维护中国—东盟关系大局，通过友好谈判解决争端创造了一个环境，提供了具有法规意义的政治文件。此后，尽管在宣言的落实方面存在一些问题，但是，直到2013年菲律宾向国际法院提交关于南海问题的仲裁案，南海的稳定大局是得到了维护的。[③]

中国与东盟建立战略伙伴关系是双方关系发展的一个里程碑。2003年，也就是中国与东盟签署《全面经济合作框架协议》的第二年，中国加入

---

① 2015年11月22日签署关于《中华人民共和国与东南亚国家联盟关于修订〈中国—东盟全面经济合作框架协议〉及项下部分协议的议定书》，见《中国—东盟自贸区升级版正式签署》，http：//world. huanqiu. com/hot/2015－11/8027547. html，登录时间：2015年12月15日。

② 见《南海各方行为宣言》，http://www. fmprc. gov. cn/web/wjb_673085/zzjg_673183/yzs_673193/dqzz_673197/nanhai_673325/t848051. shtml，登录时间：2015年12月20日。

③ 2013年1月22日，菲律宾照会中国驻菲律宾大使馆并附《菲律宾主张的通知和声明》（以下简称《通知和声明》），正式通知中国，启动了对中国的仲裁程序，遭到中国的拒绝。2014年3月30日，菲律宾提交"诉状"，请求南海仲裁案临时仲裁庭裁决。2016年7月12日，临时仲裁庭对南海仲裁案做出"最终裁决"，判菲律宾"胜诉"。菲律宾阿基诺政府违反了中国与东盟、中国与菲律宾达成的通过谈判解决争端的共识，损害了两国协商、合作关系的基础。新当选的菲律宾杜特尔特总统以搁置争端、推进合作为认知，不提及所谓"裁决"，把菲律宾与中国的关系拉回正轨。

《东南亚和平友好条约》，同时双方签署了《面向和平与繁荣的战略伙伴关系联合宣言》，走在了其他非东盟成员国的前面。《东南亚和平友好条约》制定于1976年，是指导东盟国家间关系的基本文件，其宗旨是“促进地区各国人民之间永久和平、友好和合作”，遵循的基本原则是“相互尊重独立、主权、平等、领土完整和各国的民族特性”，“互不干涉内政、和平解决分歧或争端、反对诉诸武力或以武力相威胁”和“缔约各国间进行有效合作”。中国签署该条约即表明，该条约的宗旨和基本原则同样适用于中国与东盟关系的发展。战略伙伴关系的建设涉及政治安全合作、经济合作、社会文化合作、地区及国际领域合作等，构建战略伙伴关系，以战略信任为前提，以合作为意愿，以共同利益为基础，中国与东盟之间从对话伙伴发展到战略伙伴关系，是一个大的定位转变。[①] 从定位上说，战略伙伴关系的核心是互为伙伴，而不是对手，是进行合作，而不是对抗。战略伙伴关系的确立有助于双方减少误解、误判，减少分歧，避免对抗，增加合作，也有助于双方在区域和诸多国际问题上合理发挥积极的作用。[②]

新一届中国领导人执政后，对于发展与东盟的关系提出了一系列新的理念和倡议，如与东盟共建“21世纪海上丝绸之路”，与东盟签署睦邻友好条约，构建中国—东盟命运共同体，等等，这些都将有助于双方战略伙伴关系的深化与提升。

中国与东盟构建自贸区和建立战略伙伴关系的经验表明，只要双方有着开展对话与合作的真诚意愿，只要坚持相互尊重与协商的方向，作为地缘相接、利益相关的邻居，就可以找到弥合分歧，增进信任和加强关系的钥匙，创造出具有中国—东盟关系特色的方式。[③]

---

① 来自东盟专家的评论认为，双方会有分歧，但如果东盟作为一个整体，就可以克服存在的问题，寻求合作，而不是对立。Simon Tay, China-ASEAN relationship: cooperation or conflict? http://www.nationmultimedia.com/news/opinion/aec/30212396，登录时间：2016年1月11日。

② 就在南海仲裁案临时仲裁庭就菲律宾的诉讼做出所谓裁决之后，2016年7月25日，中国与东盟外长召开特别会议，发表声明，强调“有关各方承诺通过友好协商和谈判，以和平方式解决领土和管辖权争议，全面有效落实《南海各方行为宣言》”，见《中国和东盟外长就全面有效落实〈南海各方行为宣言〉发表联合声明》，http://www.chinanews.com/gn/2016/07-25/7950945.shtml，登录时间：2016年8月6日。

③ 在中国与东盟的关系中，中国接受和遵守东盟制定的原则与规则，比如第一个签署东盟制定的《东南亚和平友好条约》，对增加东盟对中国的信任起到很好的作用。同时，中国也积极推动共同制定规则，比如共同发表《南海各方行为宣言》等。参见王庆忠《冷战后中国—东盟关系探析：身份政治的视角》，《南洋问题研究》2014年第2期。

三　构建新形势下的中国—东盟关系

中国与东盟的关系进入一个新的发展时期，新时期有新的特点，面临新的挑战，需要做出新的努力。

从经济关系的发展来看，中国和东盟都各自进入一个新的发展阶段。中国的经济进入新一轮改革转型期，对内将深化改革，对外将扩大对外投资，加速产业转移，构建新的区域产业链网络，在“一带一路”倡议的推动下，与其他国家扩大合作发展的空间与基础，以新的形式发挥引领作用。东盟进入共同体的建设时期，经济一体化的内部与外部环境将进一步优化，这会为东盟的发展提供新的发展动力，对外产生新的吸引力，从而使东盟成为区域新生产网络构建的一个引力中心。

然而，也应该看到，较之开展对话初期，中国与东盟的总体经济力量对比发生了重要的变化，其中，最引人注目的是中国的总体实力与东盟的差距拉大，这样的趋势使得一些东盟国家担忧加重，甚至对中国在东盟的投资进行限制，有的国家对中国扩大在东盟的投入强加政治色彩，将中国渲染成是谋求对东盟的控制等。从推动经济发展的角度来看，中国的产业转移和结构升级为打造中国与东盟之间的新经济关系提供了新的机遇和条件，使得双方的经济关系变得更加均衡与密切。中国对加强与东盟的发展合作给予特别的重视，对进一步加强合作提出了新的承诺，如增加对东盟欠发达成员援助，推动成立中国—东盟互联互通合作委员会，设立中国—东盟海上合作基金，推动全方位的海上合作，启动科技伙伴计划，设立教育培训中心，为东盟国家培训人才，建立中国—东盟救灾物资储备库，设立中国—东盟传统医药交流合作中心，以及制订中国—东盟文化合作行动计划等。①

中国与东盟陆海相连，有着特殊地缘关系和共同的发展利益关注，因此，在与东盟国家推动务实合作，深化利益基础方面，中国要比其他国家

① 2003 年中国与东盟签署面向和平与繁荣的战略伙伴关系联合宣言，先后制订了 3 个落实宣言的 5 年计划，每次都列出了内容丰富的行动议程，2016 年 3 月，制订的第 3 个行动计划（2016—2020），涉及经济、政治、社会、文化以及安全等 7 大领域，http://wcm.fmprc.gov.cn/pub/chn/pds/wjb/zzjg/yzs/dqzz/dnygjlm/zywj/t1344899.htm，登录时间：2016 年 5 月 3 日。

更有优势。以互联互通为例，把中国与东盟国家之间的互联互通搞好了，建设起连接中国与东盟国家间的公路、铁路网络，加上自贸区的市场开放法规基础，这样就可以形成一个大的经济发展区，双方的共同利益基础也就更紧固。从未来发展来看，中国转变经济发展方式，走内需拉动、绿色可持续的发展之路，也可以为东盟带来新的机遇，中国倡议并推动的“一带一路”建设、经济走廊建设等，为改善东盟的基础设施，实现互联互通也提供了新的支持。从加强双边经济合作的角度考虑，双方应该签署共建“一带一路”的合作协议，让“一带一路”建设和经济走廊建设成为构建中国—东盟开放合作经济区的助推器，让东盟同时分享陆上和海上两个框架建设的特殊优势。① 李克强总理提出，要在以往“黄金十年”的基础上，打造中国与东盟经济合作的“钻石十年”，从这个意义上说，中国—东盟经济关系处在发展的新起点上。

就政治与安全合作来看，中国综合实力的快速上升也引起东盟国家的警觉，特别是南海问题无疑是影响中国与东盟政治安全关系和互信的一个发热点。中国与东盟建设战略伙伴关系是基于相互信任的前提，中国综合实力的快速提升不是，也不应该成为东盟的威胁因素，而是，也应该成为东盟的安全因素，因为中国坚持走和平发展的道路，不走传统大国崛起扩张、称霸的老路。中国推动与东盟建设命运共同体，就是旨在把中国的发展、中国的安全与东盟的发展、东盟的安全绑在一起，实现共同发展，共同安全。

就南海问题而言，由于涉及领土主权问题，的确存在着很大的敏感性。中国坚持对南海岛礁领土和相关海域的主权拥有，既有历史依据，也有法律依据，但中国也承认，在南海问题上与东盟相关国家之间存在争端，这也就是中国为何要与东盟制定通过谈判和平解决争端的政治文件。面对争端升温，双方应该以落实达成的共识和政治文件为基础，就维护南海局势和开展合作进行开诚布公的对话，把问题摆在桌面上，共同努力把南海问题拉回到对话、协商与谈判的方向上来。

其实，南海争端所反映的问题，在很大程度上并不是因为争端本身，

① 东盟在落实“一带一路”倡议中具有特殊的地缘位置和链接作用。总的来看，东盟各国对“一带一路”持积极的态度，但也有误读、误解，中国需要做更多的工作，特别是提升参与企业的公信力。具体分析见郭秋梅《东盟国家对“一带一路”战略的认同问题考察》，《山东科技大学学报》2016 年第 5 期。

而是东盟一些国家，主要是涉及争端的相关国家，对中国力量提升过分担忧和战略不信任，积极拉拢外部势力助阵，以图压迫或者平衡中国，这样做，与深化中国与东盟战略伙伴关系的努力背道而驰，不仅无助于争端解决，反而让局势变得更为复杂，也大大增加了发生对抗甚至冲突的风险。南海问题复杂，解决需要时日，危险在于多种因素“掺和”，尤其是在美国借口介入，多方搅局的情况下，局势可能会变得混乱与难控。① 从中国与东盟的利益来说，南海需要和平、开放与合作，面对出现的问题，特别需要中国与东盟加强沟通，充分利用东盟这个代表区域整体利益的组织的协调与整合作用，加强协调，避免让局部问题占上风，进而破坏中国—东盟总体关系和利益的大局。中国与东盟特别要防止“引火烧身”，如果发生冲突，要回归正常就要费很大的气力，付出很大的代价。

中国与东盟的关系由一系列法规、制度支撑，如中国签署了《东南亚和平友好条约》，双方构建了战略伙伴关系，发表了《南海各方行为宣言》，这些都确立了对话、协商解决争端，和平、合作的原则，奠定了“向前看，往前走”的基础。无论从哪个角度，对东盟来说，与中国的关系具有特别的重要性，对中国来说也是一样。中国支持东盟的团结，支持东盟在地区和国际事务中发挥更大的作用，东盟也要支持中国的和平发展，支持中国在地区和国际事务中发挥大国作用，对中国保持信任。东盟作为地区组织，应该有魄力，发挥更为积极和更有建设性的作用，不让东南亚地区成为美国战略包围中国的一个前沿阵地，在化解冲突，导向和平合作上起中坚作用，这样才有助于中国—东盟战略伙伴关系的深化和命运共同体的建设。②

展望未来中国与东盟之间的关系，尽管面临很多新的挑战，我们也没有理由悲观，因为无论从哪个角度来说，中国与东盟国家之间的关系都是不可替代的。重要的是，从以往中国与东盟关系的发展历程看，靠智慧与创新来不断推动双方关系向前发展既是一条重要的经验，也是一

① 东盟坚持以东盟为中心处理对外关系，但是域外大国的参与，分裂东盟、离间中国与东盟关系的行为，对中国与东盟的关系产生很多消极的影响。见徐步、杨帆《中国—东盟关系：新的起航》，《国际问题研究》2016 年第 1 期。

② 关于中国—东盟命运共同体的特殊意义的分析，见赵秋、林昆勇、柯玉萍《中国—东盟命运共同体的共同体诠释》，《广西民族研究》2016 年第 1 期。

个基本原则。同时，中国与东盟的关系，既是中国与东盟各成员国的关系，也是中国与东盟区域整体的关系，双层框架，相互连接与相互促进。从实质上分析，中国与东盟发展关系所坚守的是多样性、包容性和协商、合作、共赢的“东方文化方式”。“东方文化方式”所追求的是“和”，是和而不同，合作共利。在这方面，东盟自身创建了符合区情的“东盟方式”，实现了东南亚地区的和平发展，中国自身有着以“和合思想”为代表的东方思想文化积淀，由此，中国—东盟双方有着文化方式认同的基础，容易找到合作共利的契合点。从新形势下国际关系发展的视角来认识，中国与东盟发展关系所创造的“东方文化方式”与逐步积累起来的经验，对推动地区和世界构建新型国际关系有着积极的借鉴意义。

Promotion of China-ASEAN Relations Relies on Wisdom and Innovation

Zhang Yunling

Abstract After the founding of the People's Republic of China, the relationship between China and Southeast Asian countries had experienced a complex and tortuous history and did not achieve a comprehensive normalization until the end of the cold war. And since then, it entered into a new stage. In 1991, a dialogue relationship between China and ASEAN was established, and the bilateral relations continue to be expanded and deepened through dialogue and cooperation. Nowadays, China-ASEAN relationship has stepped into a new period of development with many new challenges. Looking forward to the future, facing the new situation, both sides have the intention to resolve differences, enhance trust and deepen cooperation in the new era. Meanwhile, there is a solid foundation for them to build closer relationship of cooperation. Not to advance is to go back. To upgrade the bilateral relationship does rely on will and wisdom, but more on innovation.

Key Words China and ASEAN relations; Innovation

Author Zhang Yunling, Member of the Presidium of the Chinese Academy of Social Sciences Academic Divisions, Director of the Academic Division of International Studies, Member of Chinese People's Political Consultant Conference (CPPCC), Chief Scientist of China-ASEAN Collaborative Innovation Center for Regional Development.

区域与合作

中国—东盟“五通指数”比较研究

北京大学全球互联互通研究课题组

【摘要】为量化“一带一路”沿线国家“互联互通”水平，北京大学海洋研究院、国务院发展研究中心、国家信息中心等单位联合开发了“五通指数”。该指数是对沿线国家政策沟通、设施联通、贸易畅通、资金融通、民心相通情况进行科学分析和综合评估后的测算结果。本文运用“五通指数”课题组的研究成果，对东盟十国的“五通”情况进行概括介绍，对比分析成员国之间的异同和形成原因，并提出相应的政策建议。

【关键词】中国　东盟　“五通”　指数

【基金项目】中国—东盟区域发展协同创新中心科研专项和教育部长江学者和创新团队发展计划联合资助“21 世纪‘海上丝绸之路’如何惠及底层人民研究”（CWZD201501）。

【作者简介】北京大学全球互联互通研究课题组负责人：翟崑，北京大学国际关系学院教授、博士生导师，北京大学全球互联互通研究中心主任。主笔：王丽娜、刘晓伟、刘静烨、王维伟，分别为北京大学国际关系学院博士生和博士后；其他课题组成员：潘玥、谷名飞、周强、邓涵、刘倩、张帅、潘强、庞伟、罗津菁、范佳睿、陶晓阳、高倩、曹岳、张高原。

《周易·系辞传》有云，“往来不穷谓之通”。进退往来是一个无穷的过程，由此才能使世界不断发展变化。国之交亦始于通，民相亲、心相交、路相通，国际关系方立。十八大以来，中国更加积极主动地塑造周边[1]，致力于将中国—东盟关系从战略伙伴关系的构建转型升级为中国—

① 翟崑：《突破中国崛起的周边制约》，《国际展望》2014 年第 5 期，第 2 页。

东盟命运共同体建设。把握中国—东盟战略合作的大方向，坚持合作共赢，打造亚洲市场、亚洲价值以及亚洲联动发展关键在于建设互联互通；此外，作为“21 世纪海上丝绸之路”的重要枢纽，东盟在这个全方位、立体化以及网络状的系统中扮演重要角色，舒经冲脉促进“海丝”东西贯通对于中国—东盟互联互通建设提出了更高要求；再次，随着“海丝”建设的逐步推进以及近期亚太形势的起伏动荡，互联互通建设在平稳发展的同时也遇到了诸多挑战。因此，把握中国—东盟互联互通现状、探究问题存在的根源、寻找解决措施对于双方实现战略合作蓝图、促进“海丝”项目实施以及应对当前挑战有着重要意义。

2015 年，北京大学海洋研究院、国务院发展研究中心、国家信息中心等单位为量化“一带一路”沿线国家“互联互通”的水平与进展，推出了“五通指数”①。该指数结合了各国的基本现状与发展趋势，从客观数据出发，对“一带一路”沿线 63 个国家与中国的政策沟通、设施联通、贸易畅通、资金融通和民心相通情况进行了具体深入的评估。本文运用“五通指数”课题组的前期研究成果，对东盟十国的“五通”情况进行了对比分析，试图探究目前中国—东盟互联互通现状形成的原因，并针对目前存在的问题提出相应的政策建议。

一 “五通指数”构建背景

2013 年 9 月 7 日，习近平主席在哈萨克斯坦访问时，在纳扎尔巴耶夫

---

① 为了量化“一带一路”沿线国家“互联互通”的水平与进展，北京大学海洋研究院、国务院发展研究中心、国家信息中心等单位联合建立“五通指数”课题组，北京大学信息管理系教授、海洋研究院信息研究中心主任王继民任组长，北京大学国际关系学院教授、海洋研究院研究员翟崑任副组长。经过联合研究，课题组推出“五通指数”。该指数结合了各国的基本现状与发展趋势，从客观数据出发，对“一带一路”沿线 64 个国家与中国的政策沟通、设施联通、贸易畅通、资金融通和民心相通情况进行了具体深入的评估，因巴勒斯坦的多数数据缺失，最终实际测算了 63 个国家。在指数编制时，课题组尽可能多地选择了《推动共建丝绸之路经济带和 21 世纪海上丝绸之路的愿景与行动》文件中提及且与互联互通紧密相关的指标数据。经过多轮实际测算和专家评议后，课题组最终确定了“五通指数”指标体系，它由 5 个一级指标、15 个二级指标和 41 个三级指标组成，民心相通属于其中一个一级指标。基于“五通指数”及其相关数据所构建的北京大学“一带一路”数据分析平台（http：//scie. pku. edu. cn/ydyl），可自动生成任何一个沿线国家的各级指标数据与排名，以及各个区域或若干个沿线国家主要评估指标的对比分析报告；未来可动态监测沿线各国的各级评价指标的发展趋势，及时对比分析相关国家各项指标的变化情况，为相关政策提供数据支撑和量化分析结果。

大学发表题为《弘扬人民友谊 共建美好未来》的重要演讲，全面阐述中国对中亚国家睦邻友好合作政策，倡议用创新的合作模式，共同建设“丝绸之路经济带”，加强各国的政策沟通、道路联通、贸易畅通、货币流通和民心相通，这是“五通”的概念首次出现在国家领导人的演讲中。2015年3月，中国政府正式发布《推动共建丝绸之路经济带和21世纪海上丝绸之路的愿景与行动》（简称《愿景与行动》）①，明确提出“一带一路”的方向和任务是致力于亚欧非三大洲陆海的互联互通建设，其中包括政策沟通、设施联通、贸易畅通、资金融通和民心相通（简称“五通”），以此全方位推进务实合作，打造经济融合、政治互信和文化包容的利益共同体、责任共同体和命运共同体②。“五通”概念正式出现在我国政府的官方文件中，其具体内涵得以确定。

但是，目前关于“五通”的研究多重“五”却轻“通”。关于“一带一路”沿线国家的政治、基础设施、贸易环境、金融环境和人文环境的研究居多，但是对国家之间，特别是与中国之间的互联互通关注较少③。因此，为了量化“一带一路”沿线国家“互联互通”的水平与进展，北京大学“五通指数”课题组从客观数据出发，对“一带一路”沿线国家的“五通”情况进行了评估与量化研究。该研究不仅可以为各类交叉学科研究提供数据支撑、为沿线投资贸易提供决策依据，而且可以为各类政治经济活动提供风险预警、为战略推进相关决策提供数据参考④。

二 “五通指数”体系介绍

（一）指标体系构建原则

“五通指数”的指标体系旨在综合反映“一带一路”沿线国家在

① 国家发展改革委员会等：《推动共建丝绸之路经济带和21世纪海上丝绸之路的愿景与行动》，中华人民共和国商务部网站，2015年3月30日，http://zhs.mofcom.gov.cn/article/xxfb/201503/20150300926644.shtml，登录时间：2016年11月4日。

② 2015年03月发布的《愿景与行动》将《弘扬人民友谊共建美好未来》中的道路联通和货币流通改为设施联通和资金融通，“五通”正式确定为政策沟通、设施联通、贸易畅通、资金融通和民心相通。

③ 王继民：《2015中国经济年鉴（一带一路卷）》，中国经济年鉴出版社2015年版，第50页。

④ 同上书，第51页。

"政策沟通、设施联通、贸易畅通、资金融通、民心相通"5个方面的发展水平。在指数编制时，课题组主要遵循以下三个原则：第一，充分考虑每一"通"多维向、多层次的特点。"五通"并非孤立单一，每一"通"都具有丰富的内涵与重大的意义，在建立指标体系时需通过细化指标对其概念的各个层次进行深化。第二，尽可能地参考《愿景与行动》文件中的相关表述。《愿景与行动》对"五通"的内涵进行了精炼的概括，反映了我国政府在互联互通建设中重点推进的方向。第三，考虑数据的代表性和可获取性。"五通"概念内容丰富，涉及的层面多范围广，在指标体系中一一体现难度较高。课题组在选用指标时，在遵循前两个原则的同时会尽量选择具有代表性且容易获取的一些数据。

（二）"五通指数"指标体系界定

北京大学课题组经过多轮实际测算和专家评议，最终确定了"五通指数"指标体系，它由5个一级指标、15个二级指标和41个三级指标组成。具体如表1所示。

表1　"五通指数"指标体系①

一级指标	二级指标	三级指标	数据源
A. 政策沟通	A1 政治互信	A11 高层交流频繁度	中国政府网
		A12 伙伴关系	国家发改委互联网大数据分析中心提供
		A13 政策沟通效度	专家打分
	A2 合作机制	A21 驻我国使领馆数	外交部
		A22 双边重要文件数	外交部
	A3 政治环境	A31 政治稳定性	世界银行
		A32 清廉指数	透明国际

① 王继民：《2015中国经济年鉴（一带一路卷）》，中国经济年鉴出版社2015年版，第54页。

续表

一级指标	二级指标	三级指标	数据源
B. 设施联通	B1 交通设施	B11 物流绩效指数	世界银行
		B12 是否与中国直航	《从统计看民航 2014》
		B13 是否与中国铁路联通	世界银行
		B14 是否与中国海路联通	人民网
	B2 通信设施	B21 电话线路覆盖率	华林集团—航运在线
		B22 互联网普及率	世界银行
	B3 能源设施	B31 石油输送力	世界银行
		B32 天然气输送力	《中国海关统计年鉴 2013》
		B33 电力输送力	《中国海关统计年鉴 2013》
C. 贸易畅通	C1 畅通程度	C11 关税水平	Economic Freedom of the World 2014 Annual Report
		C12 非关税贸易壁垒	Economic Freedom of the World 2014 Annual Report
		C13 贸易条件指数	世界银行发展指数
		C14 双边贸易额	国别投资指南
	C2 投资水平	C21 双边投资协定	商务部条约法律司
		C22 中国对该国直接投资流量	《2013 年度中国对外直接投资统计公报》
		C23 该国对中国直接投资流量	《2013 年度中国对外直接投资统计公报》
	C3 营商环境	C31 跨国贸易自由度	Economic Freedom of the World 2014 Annual Report
		C32 商业管制	Economic Freedom of the World 2014 Annual Report

续表

一级指标	二级指标	三级指标	数据源
D. 资金融通	D1 金融合作	D11 货币互换合作	中国人民银行
		D12 金融监管合作	中国证监会
		D13 投资银行合作	中国财政部 互联网新闻
	D2 信贷体系	D21 信贷便利度	全球营商环境报告 WB Doing Business
		D22 信用市场规范度	Economic Freedom of the World 2014 Annual Report
	D3 金融环境	D31 总储备量	世界银行发展指数
		D32 公共债务规模	WEO（World Economic Outlook Databases 国际货币基金组织世界经济展望数据库）
		D33 货币稳健性	Economic Freedom of the World 2014 Annual Report
E. 民心相通	E1 旅游活动	E11 旅游目的地热度	国家发改委互联网大数据分析中心
		E12 来华旅游人数	《中国旅游统计年鉴 2013》
	E2 科教交流	E21 科研合作	Web of Science 数据库
		E22 百万人拥有孔子学院数量	孔子学院总部
	E3 民间往来	E31 我国网民对该国的关注度	国家信息中心大数据部
		E32 该国网民对我国的关注度	国家发改委互联网大数据分析中心
		E33 友好城市数量	中国国际友好城市联合会
		E34 民众好感度	专家打分

三　中国—东盟“五通指数”比较分析

北京大学“五通指数”课题组根据表 1 中的指标体系对东盟十国的“五通”情况进行了全面周密的测算和分析，每个三级指标的计算结果按照一分制呈现，然后对各个指数的总和按照十分制进行标准化处理，以保证结果的可靠性与科学性。课题组将“五通”中每一“通”的发展状况分为“顺畅型”（8分及以上）、“良好型”（6—8分）、“潜力型”（3—6分）和“薄弱型”（3分以下）[①] 四种类型。测算结果显示，中国与东盟国家在政策沟通、贸易畅通、设施联通、资金融通以及民心相通领域的指数呈现出各自不同的特点，具体如下：

（一）政策沟通

政策沟通是指国家之间交流治国理政经验，并且就外交、经济乃至安全政策等进行对话、通气和协调[②]。《愿景与行动》指出，加强政策沟通是“一带一路”建设的重要保障。近年来，中国和东盟的战略伙伴关系正在朝更加紧密的中国—东盟命运共同体迈进，双方无论是在双边会晤还是多边机制下的协调合作都体现了全方位深化的趋势。在所有区域中，中国与东盟之间的政策沟通状况也最为突出。但是在东盟国家内部却呈现出两极分化的趋势，具体特点如下：

第一，中国同马来西亚、泰国、老挝、柬埔寨和印度尼西亚政策沟通非常顺畅，且各指标较为均衡。如表2所示，五个国家的总评分均在8分及以上，且大部分指标的分数均在0.5以上。不过，政治稳定性和清廉指数是各国的软肋，分数略低，成为影响政策沟通质量的主要因素。例如，在其他指标上与其他国家不相上下的马来西亚，得益于其稳定的政治环境，在政策沟通的综合实力上取得较大优势。

第二，中国同新加坡、越南和缅甸三国的政策沟通情况良好，但各指标较为不均衡。虽然新加坡的政治稳定性和清廉指数的得分都高达1，但是对华伙伴关系却为0，且双边重要文件指数得分也较低。越南和缅甸两国的对华伙伴关系以及驻中国使领馆数量表现较为突出，但是政策沟通效度及清廉指数分数极低。

第三，中国同文莱和菲律宾的政策沟通状况不佳，且在各个领域表现都较差。整体而言，除了文莱的政治稳定性较高，菲律宾在使领馆数量上占优势以外，两国各个指标的指数都较低。文莱由于国家体量小，国际影

① 王继民：《2015中国经济年鉴（一带一路卷）》，中国经济年鉴出版社2015年版，第117页。

② 同上书，第56页。

响力弱，与中国政策沟通的需求不强烈。菲律宾则因阿基诺三世政府时期在南海问题上与中国保持对抗，且积极配合美国的“再平衡”战略，致使其成为中国与东盟政策沟通中的薄弱环节。

表 2　**中国—东盟政策沟通指数排名**①

级别	国家	排名	高层交流频繁度	伙伴关系	政策沟通效度	双边重要文件	驻我国使领馆数	政治稳定性	清廉指数	总评分	总评分（标准化）
顺畅型	马来西亚	3	0.77	0.88	0.90	0.60	0.88	0.50	0.62	7.13	9.35
	泰国	4	0.80	0.88	0.90	0.60	1.00	0.09	0.45	7.02	9.21
	老挝	6	0.77	0.88	0.80	0.60	1.00	0.51	0.30	6.89	9.04
	柬埔寨	7	0.88	0.88	0.80	0.60	0.80	0.42	0.25	6.85	8.98
	印度尼西亚	12	0.60	0.88	0.80	0.60	0.60	0.30	0.40	6.10	8.00
良好型	新加坡	13	0.84	0.00	0.90	0.40	0.88	1.00	1.00	5.76	7.55
	越南	19	0.70	0.88	0.10	0.60	0.80	0.58	0.37	5.22	6.85
	缅甸	24	0.70	0.88	0.20	0.40	0.60	0.14	0.25	4.75	6.22
潜力型	文莱	42	0.33	0.00	0.60	0.60	0.24	0.90	0.26	3.28	4.30
	菲律宾	54	0.30	0.00	0.10	0.60	0.96	0.17	0.45	2.67	3.50

（二）设施联通

设施联通是指不同国家、区域之间基础设施的相互联通，是“一带一路”建设的优先领域。课题组在设施联通领域主要从交通设施、通信设施以及能源设施几个维度对其进行评估。评估结果显示，相较于其他“几通”，中国—东盟设施联通水平总体偏低，但是提升潜力较大。具体而言，东盟国家的设施联通状况可大致分为两类：

第一，中国同马来西亚、越南和印度尼西亚的设施联通状况较为良好，但各项指标之间不够均衡。整体而言，三国的设施联通状况在东盟国家中可圈可点。例如，中越两国货运直通车于 2014 年 6 月 9 日正式开通，将以往接驳式的运输方式转变为门到门的直达运输，这在很大程度上提升

① 王继民：《2015 中国经济年鉴（一带一路卷）》，中国经济年鉴出版社 2015 年版，第 73 页。

了中越两国设施联通水平。在能源设施方面，中国与东盟在能源领域的合作逐渐密切，越南、印度尼西亚和马来西亚成为中国在东南亚的三大石油进口国。同时，中国是越南最大的煤炭出口市场。① 这些都有助于双边设施联通状况的改善以及指数水平的提高。但是，马来西亚和印度尼西亚两国在铁路联通及电力输送方面建设状况较差，越南的问题则突出表现在天然气输送和电力输送两个领域，从而造成三国的设施联通状况总体良好，但不够顺畅。

第二，中国同缅甸、新加坡、文莱、泰国、菲律宾、柬埔寨和老挝的设施联通现状堪忧，但是发展潜力较大。如表 3 所示，前 6 个国家均属于潜力型国家，总体得分较低。而老挝则成为东盟十国中唯一一个薄弱型国家，各项三级指标的指数都极低。但是，正因为如此，中国与这些国家的设施联通建设才具有巨大的潜力。例如，泛亚铁路的东、西、中线三个方案中中国境内的铁路均已经列入了中国的《中长期铁路网规划》和《铁路"十一五"规划》;《中老缅泰澜沧江—湄公河商船通商协定》也已正式签署，为中国—东盟海上互联互通开启了新阶段。能源设施方面，2013 年 6 月 4 日，中缅油气管道（缅甸段）已全部建设完成。② 尤其是随着"21 世纪海上丝绸之路"战略的推进，中国与东盟国家的设施联通建设必将迎来更多的发展机会。

表 3　　**中国—东盟设施联通指数排名**③

级别	国家	排名	物流绩效指数	是否与中国直航	是否与中国海路联通	是否与中国铁路联通	电话线路覆盖率	互联网普及率	石油输送力	天然气输送力	电力输送力	总评分	总评分（标准化）
良好型	马来西亚	5	0.90	1.00	1.00	0.00	0.32	0.74	0.41	0.49	0.00	5.75	6.94
	越南	8	0.79	1.00	1.00	1.00	0.21	0.49	0.41	0.00	0.00	5.30	6.39
	印度尼西亚	15	0.77	1.00	1.00	0.00	0.26	0.18	0.41	0.48	0.00	4.98	6.00

① 《第八十七期 中国—东盟能源分析》，中国—东盟自由贸易网站，2015 年 7 月 14 日，http://www.cafta.org.cn/show.php?contentid=75423，登录时间：2016 年 11 月 8 日。

② 唐文琳、唐明知:《中国—东盟命运共同体背景下互联互通的建设》,《广西大学学报》（哲学社会科学版）2016 年第 3 期，第 103 页。

③ 王继民：《2015 中国经济年鉴（一带一路卷）》，中国经济年鉴出版社 2015 年版，第 76 页。

续表

级别	国家	排名	物流绩效指数	是否与中国直航	是否与中国海路联通	是否与中国铁路联通	电话线路覆盖率	互联网普及率	石油输送力	天然气输送力	电力输送力	总评分	总评分（标准化）
潜力型	缅甸	19	0.56	1.00	1.00	0.00	0.02	0.01	0.00	0.40	0.70	4.84	5.84
	新加坡	22	1.00	1.00	1.00	0.00	0.76	0.81	0.00	0.00	0.00	4.57	5.52
	文莱	24	0.62	0.00	1.00	0.00	0.28	0.72	0.40	0.00	0.00	4.42	5.34
	泰国	30	0.86	1.00	1.00	0.00	0.19	0.32	0.41	0.00	0.00	4.18	5.04
	菲律宾	34	0.75	1.00	1.00	0.00	0.07	0.41	0.40	0.00	0.00	4.03	4.86
	柬埔寨	56	0.69	1.00	1.00	0.00	0.06	0.07	0.00	0.00	0.00	2.81	3.39
薄弱型	老挝	61	0.60	1.00	0.00	0.00	0.22	0.14	0.00	0.00	0.40	1.83	2.20

（三）贸易畅通

贸易畅通是“一带一路”倡议中的基本内核，其基本目标是在经济全球化不断加深的背景下，推动“一带一路”沿线国家经济合作。当前，东盟国家的贸易畅通水平在“一带一路”沿线国家中整体偏高。但是区域内贸易畅通水平出现较为明显的分层，各个指数之间的水平相差亦较为明显。

第一，从国别来看，除了文莱，东盟区域内基本可平分为贸易“顺畅型”国家和“良好型”国家。在“顺畅型”国家中，新加坡和印度尼西亚在各个指标上的分值都比较高，贸易条件则分值较低。马来西亚和泰国的非关税贸易壁垒较高，贸易条件恶化的可能性较大。在“良好型”国家中，越南在贸易条件和对中国投资量这两部分相对较薄弱。菲律宾在贸易条件和双边投资等三方面数值都比较低。柬埔寨与中国的非关税壁垒比较高，贸易条件和对中国投资量方面也比较薄弱。缅甸和老挝在对中国投资量这栏为零。而作为“潜力型”的国家文莱，其在投资发展和条件这部分比起其他东盟国家，相对较弱。

第二，从各指标来看，中国—东盟贸易畅通指数呈现不平衡分布状态。双边投资协定指数平均值为0.9，处于各类指数中的首位，因为除文莱外，中国与其他东盟9国都已签订双边投资协定。从贸易发展和条件来看，关税水平、非关税壁垒、双边贸易额平均分值均偏高，分别为

0.78、0.64 和 0.81，表明中国与东盟之间贸易壁垒程度相对低，双边贸易额较大。而贸易条件指数平均值为 0.49，表明双边贸易条件有恶化的趋势。从投资水平来看，中国对东盟投资平均分值为 0.71，而东盟对中国投资平均 0.42。这表明双边投资中，存在明显的不均衡，东盟国家依赖中国投资的程度较高。从营商环境来看，跨国贸易自由度和商业管制分值都偏高，分别为 0.85 和 0.82，表明跨境贸易自由度相对高，管制程度比较低。

表 4　**中国—东盟贸易畅通指数排名**[①]

级别	国家	排名	关税水平	非关税贸易壁垒	贸易条件指数	双边贸易额	双边投资协定	中国对该国直接投资量	该国对中国直接投资量	跨国贸易自由度	商业管制	总评分	总评分（标准化）
顺畅型	新加坡	1	0.90	0.71	0.52	0.96	1.00	1.00	1.00	0.82	0.76	10.64	10.00
	印度尼西亚	2	0.84	1.00	0.32	0.95	1.00	0.95	0.64	1.00	1.00	10.23	9.62
	马来西亚	3	0.74	0.51	0.45	1.00	1.00	0.77	0.76	0.85	0.90	9.50	8.93
	泰国	4	0.81	0.51	0.40	0.95	1.00	0.80	0.68	0.88	0.77	9.24	8.69
良好型	越南	8	0.77	0.63	0.53	0.94	1.00	0.72	0.38	0.81	0.68	8.49	7.99
	菲律宾	13	0.82	0.75	0.39	0.88	1.00	0.36	0.40	0.87	0.94	8.03	7.55
	柬埔寨	20	0.83	0.48	0.48	0.61	1.00	0.72	0.30	0.68	0.71	7.45	7.00
	缅甸	24	0.58	0.81	0.63	0.68	1.00	0.72	0.00	0.80	0.73	7.35	6.91
	老挝	33	0.60	0.44	0.71	0.57	1.00	0.81	0.00	0.87	0.70	7.08	6.65
潜力型	文莱	55	0.94	0.57	0.45	0.52	0.00	0.21	0.00	0.96	0.96	5.33	5.02

（四）资金融通

资金融通是指要扩大“一带一路”沿线国家双边本币互换、结算范围和规模，深化金融合作，推进亚洲货币稳定体系、投融资体系和信用体系建设[②]。资金融通是“一带一路”建设的重要支撑。中国与东盟的资金融

① 王继民：《2015 中国经济年鉴（一带一路卷）》，中国经济年鉴出版社 2015 年版，第 78 页。

② 同上书，第 181 页。

通水平整体处于平均水平以上，且在各区域中表现最佳。在东盟内部，各国之间的资金融通状况呈现以下特点：

第一，中国与新加坡、泰国、马来西亚和印度尼西亚的资金相通建设顺畅。新加坡和泰国作为资金融通指数排行榜的前两位，除了新加坡在信贷便利度方面比较欠缺外，两国在金融合作、信贷体系和金融环境的各个维度上得分都较高。马来西亚和印度尼西亚两国紧随其后，在各个维度上亦呈现出明显优势。整体看，中国与这四国的资金融通指数均在 9.3 以上，表明中国与四国的资金融通建设顺畅，且比较均衡。

第二，中国与文莱、越南、老挝和菲律宾的资金融通建设良好，各指标之间差异明显。中国与这四个国家均缺失货币合作。中国与文莱在各指标上的建设相对成熟，但是由于国家体量原因，文莱的总储备量相对较少。越南和老挝的指数极为接近，前者的亮点在信用市场规范度方面，处于东盟十国前列；不足是公共债务规模，没有数据显示。老挝的各项指数相对均衡。菲律宾则由于金融监管合作和信贷便利度两项指标较差而处于四国之末。

第三，中国与柬埔寨和缅甸的资金融通建设尚有很大潜力，指标之间差异显著。在货币互换和金融监管方面，柬缅两国均为空白，柬埔寨的优势在于货币稳健性，仅次于菲律宾。缅甸的优势在于公共债务规模，居东盟十国的第二位。然而，两国在信贷便利度和总储备量方面稍有欠缺。即便如此，两国的指数仍远高于受评估的 63 国平均水平。

表 5　**中国—东盟资金融通指数排名**①

级别	国家	排名	货币互换合作	金融监管合作	投资银行合作	信贷便利度	信用市场规范度	总储备量	公共债务规模	货币稳健性	总评分	总评分（标准化）
顺畅型	新加坡	1	1.00	1.00	1.50	0.33	1.00	0.89	0.91	0.93	10.39	10.00
	泰国	2	1.00	1.00	1.50	0.83	0.91	0.83	0.84	0.71	10.26	9.87
	马来西亚	4	1.00	1.00	1.50	0.17	0.95	0.80	0.70	0.67	9.73	9.36
	印度尼西亚	5	1.00	1.00	1.50	0.50	0.82	0.77	0.33	0.92	9.68	9.32

① 王继民：《2015 中国经济年鉴（一带一路卷）》，中国经济年鉴出版社 2015 年版，第 80 页。

续表

级别	国家	排名	货币互换合作	金融监管合作	投资银行合作	信贷便利度	信用市场规范度	总储备量	公共债务规模	货币稳健性	总评分	总评分（标准化）
良好型	文莱	11	0.00	1.00	1.50	0.67	0.95	0.38	0.69	0.84	7.72	7.43
	越南	17	0.00	1.00	1.50	0.17	0.92	0.61	0.00	0.61	6.77	6.52
	老挝	18	0.00	1.00	1.50	0.50	0.54	0.24	0.33	0.65	6.74	6.49
	菲律宾	21	0.00	0.00	1.50	0.33	0.91	0.75	0.98	0.97	6.32	6.08
潜力型	柬埔寨	24	0.00	0.00	1.50	0.67	0.76	0.42	0.70	0.95	5.79	5.57
	缅甸	25	0.00	0.00	1.50	0.33	0.53	0.47	0.92	0.67	5.48	5.27

（五）民心相通

民心相通是指国家之间通过实现心相近、民相亲，增进相互了解与传统友谊，为开展区域合作奠定坚实的民意基础。民心相通是“一带一路”建设的社会根基。目前，中国与东盟国家民心相通建设状况总体良好，主要呈现以下特点：

第一，中国与新加坡、泰国、马来西亚和印度尼西亚的民心相通建设顺畅且均衡。新加坡作为民心相通指数排行榜的榜首，在旅游目的地热度、来华旅游人数、科研合作、网民对中国的关注度以及民众好感度上分数都较高，各个维度都体现出了明显的优势。鉴于城市国家的限制，友好城市数量的指标略低①。泰国在旅游目的地热度、中国网民对该国的关注度、友好城市数量以及民众好感度方面表现非常突出，反映了旅游活动在吸引关注度方面的重要作用，但是泰国来华旅游人数较少，民众对中国关注度较低。马来西亚和印度尼西亚在各个指标上的表现相对较为平均，各项指标得分都较高。

第二，中国与柬埔寨、老挝的民心相通建设良好但不够均衡。柬埔寨和老挝民心相通指数的标准化总评分位于6—8分的区间内，属于“良好型”国家。中国同柬埔寨和老挝都属于传统友好国家，双边关系有着

① 王继民：《2015中国经济年鉴（一带一路卷）》，中国经济年鉴出版社2015年版，第119页。

深厚的历史渊源。怒罗敦·西哈努克一直是中柬友谊的象征，也成为两国人民心相交的榜样。中老两国同属社会主义国家，是亚洲为数不多的“星星之火”，这无形中增加了两国民众的认同感与亲切感。老挝也是中国的“好邻居、好朋友、好同志、好伙伴”。但是中国与老、柬的科研合作水平低，这两国来华旅游人数少，中国网民对柬、老关注度低，各指标之间出现较大偏差，尤其是科教交流成为中柬、中老民心建设中的短板。

第三，中国与越南、菲律宾的民心相通建设有潜力但不均衡。在“一带一路”沿线的63个国家中，越南和菲律宾的总评分排在40名开外，与以上6国形成两极分化。作为“潜力型”国家，友好城市关系建设是中菲、中越关系中的亮点，旅游活动以及科研合作评分不低，也是有潜力重点开发的领域。此外，中国与两国网民的相互关注度在“潜力型”国家中较高，有可能转化为促进相互了解与理性认知的契机，提升民心相通建设的总体水平。但是，目前中菲、中越民心相通建设仍然面临多重挑战。虽然越南是与中国建立友好城市关系最多的国家（34个）[①]，中国网民对越南的关注度也较高，但是对越南的好感度却只有0.1。中菲民心相通现状与越南类似，友好城市关系达27[②]个，但好感度也只有0.1。

第四，中国与缅甸、文莱的民心相通建设有潜力但很不均衡。缅甸与文莱虽都属于“潜力型”国家，但是民心相通建设的总体水平较低。友好城市关系虽是中缅关系中的唯一亮点，但在东南亚国家中并不突出，除了新加坡和文莱，中缅之间的友好城市关系数量最少。此外，中缅在科研合作与百万人拥有孔子学院数量两个指标上的得分均为0，即二级指标科教交流处于空白状态。由此可见，中缅民心相通建设很不均衡。文莱由于国家体量小，经济发展水平低，与中国互动关系少，各项指标得分均低，各项指标的均衡性较差。

---

① 《世界各国与我国建立友好城市关系一览表》，中国国际友好城市联合会网站，http://www.cifca.org.cn/web/WordGuanXiBiao.aspx，登录时间：2016年7月10日。

② 同上。

表 6　　**中国—东盟民心相通指数排名**①

级别	国家	排名	旅游目的地热度	来华旅游人数	科研合作	百万人拥有孔子学院数量	我国网民对该国的关注度	该国网民对我国的关注度	友好城市数量	民众好感度	总评分	总评分（标准化）
顺畅型	新加坡	1	0.8	0.75	1.0	0.20	0.58	1.0	0.48	0.8	6.43	10.00
	泰国	2	1.0	0.41	0.6	0.20	1.00	0.6	0.80	0.8	6.21	9.66
	马来西亚	4	0.8	0.73	0.6	0.12	0.84	0.6	0.66	0.7	5.73	8.91
	印度尼西亚	6	0.6	0.52	0.4	0.11	0.68	0.5	0.70	0.8	5.32	8.28
良好型	柬埔寨	14	0.6	0.25	0.2	0.14	0.31	0.5	0.77	0.7	4.46	6.95
	老挝	19	0.4	0.29	0.2	0.18	0.22	0.4	0.72	0.7	4.20	6.54
潜力型	越南	45	0.6	0.57	0.4	0.11	0.74	0.5	0.80	0.1	3.40	5.30
	缅甸	48	0.4	0.27	0.0	0.00	0.50	0.4	0.66	0.5	3.28	5.10
	菲律宾	51	0.6	0.41	0.4	0.12	0.44	0.5	0.80	0.1	3.10	4.82
	文莱	52	0.4	0.28	0.2	0.00	0.24	0.2	0.48	0.5	3.08	4.80

四　中国—东盟"五通"现状因果分析

（一）中国—东盟"五通"现状特点总结

根据测算结果，"五通指数"课题组将"一带一路"沿线国家互联互通的整体发展现状分为"顺畅型"（40 分及以上）、"良好型"（30—40 分）、"潜力型"（20—30 分）、"薄弱型"（20 分及以下）四个等级，东盟国家的等级分布情况如表 7 所示。

据表 7 所示，马来西亚、新加坡、泰国和印度尼西亚的总评分均在 40 分以上，属于"顺畅型"国家；越南、柬埔寨和老挝的总评分位于 30—40 分之间，属于"良好型"国家；而缅甸、文莱和菲律宾则分数较低，属于"潜力型"国家。在东盟国家中，无"薄弱型"国家。从东盟国家的"五通

① 王继民：《2015 中国经济年鉴（一带一路卷）》，中国经济年鉴出版社 2015 年版，第 117 页。

指数”综合排名来看，所有东盟国家整体得分较高，在63个“一带一路”沿线国家中排名均在前35名，其中有4个国家进入排名前十位。就每一“通”而言，有以下几个特点：第一，政策沟通总体较好，在各区域中排名靠前。但是国家之间呈现两极分化，文莱和菲律宾与中国的政策沟通状况不佳。第二，设施联通水平总体偏低，但提升潜力较大。第三，贸易畅通水平总体偏高，国家之间出现明显分层。第四，资金融通水平非常高，并且区域内各国之间较为平衡。第五，民心相通水平总体较高，但是水平高低分布不均衡。

此外，课题组根据五个二级指标，采用K—means聚类分析法对“一带一路”沿线国家进行分类。结果显示，印度尼西亚和马来西亚属于“五通均衡型”国家，文莱、菲律宾和越南属于“经贸畅通型”国家，老挝、新加坡和泰国属于“设施短板型”国家，柬埔寨属于“政治互信型”国家，而缅甸属于“经贸潜力型”国家。

表7　**中国—东盟国家“五通指数”综合排名**①

等级	国家	排名	政策沟通	设施联通	贸易畅通	资金融通	民心相通	总评分
顺畅型国家	马来西亚	2	9.35	6.94	8.93	9.36	8.91	43.49
	新加坡	3	7.55	5.52	10.00	10.00	10.00	43.07
	泰国	4	9.21	5.04	8.69	9.87	9.66	42.48
	印度尼西亚	5	8.00	6.00	9.62	9.32	8.28	41.22
良好型国家	越南	14	6.85	6.39	7.99	6.52	5.30	33.05
	柬埔寨	16	8.98	3.39	7.00	5.57	6.95	31.89
	老挝	23	9.04	2.20	6.65	6.49	6.54	30.93
潜力型国家	缅甸	25	6.22	5.84	6.91	5.27	5.10	29.34
	文莱	31	4.30	5.34	5.02	7.43	4.80	26.89
	菲律宾	32	3.60	1.86	7.55	6.08	4.81	26.81

① 王继民：《2015中国经济年鉴（一带一路卷）》，中国经济年鉴出版社2015年版，第55页。

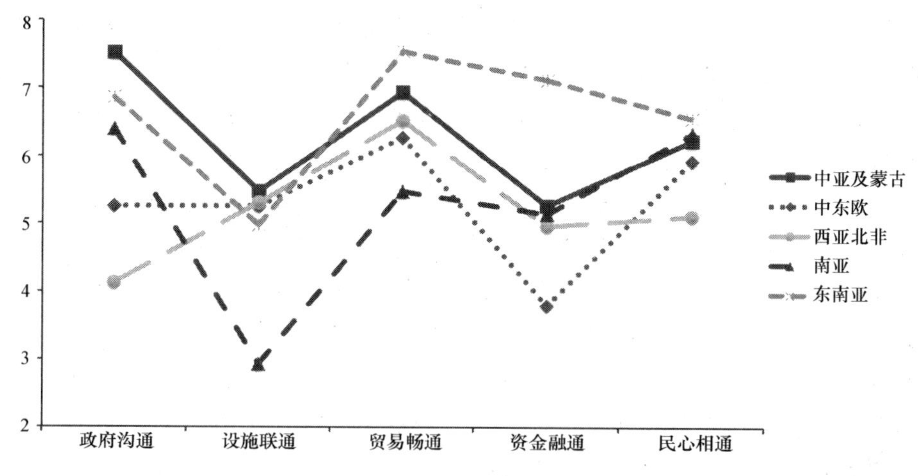

图1 “五通指数”一级指标区域特征对比①

（二）中国—东盟“五通”现状因果分析

第一，战略关系升级促进政策沟通顺畅。近年来，中国政府实施积极的周边战略，中国—东盟双边关系稳定健康地全面发展。中国支持东盟在地区合作中的主导与核心地位以及“东盟+”模式，并且与东盟在东亚峰会、亚太经合组织以及东盟地区论坛等框架下开展各领域的合作，双边关系突飞猛进。中国在资本领域和技术领域为东南亚地区经济发展提供源源不断的动力，致力于中国—东盟战略关系的转化与升级。李克强总理在第19次中国—东盟（10+1）领导人会议上指出，2016年是中国—东盟建立对话关系25周年，双方关系开始由成长期走向成熟期。过去的25年是中国—东盟务实合作硕果累累的25年，展望未来25年，双方应坚持以“信”为本，以“义”为重，以“利”为绳，以“和”为贵。中方愿与东盟国家将人文交流合作打造为继政治安全、经贸合作之后双方关系的第三大支柱②。但是，战略关系发展不畅，尤其是涉及主权争议和领土争端时，

① 王继民：《2015中国经济年鉴（一带一路卷）》，中国经济年鉴出版社2015年版，第58页。

② 《李克强在第19次中国—东盟（10+1）领导人会议暨中国—东盟建立对话关系25周年纪念峰会上的讲话（全文）》，新华网，2016年9月8日，http：//news. xinhuanet. com/politics/2016－—09/08/c_ 1119528511. htm，登录时间：2016年10月13日。

会直接阻碍双边政策沟通。近几年，中菲双边关系处于低潮期，政策沟通低效不畅，这主要受到南海领土争端及美国战略调整的影响。

第二，经贸依存度以及对象国经济发展水平制约设施联通建设。设施联通包括交通设施、通信设施和能源设施，联通设施的建设往往是始于双边互动的需求，但是也受到对象国经济发展水平以及资金能力的制约。中国—东盟设施联通建设水平总体偏低，受到东南亚国家经济能力的掣肘。比如，目前，大湄公河次区域柬、老、缅这三个国家的经济水平难以支持泛亚铁路建设所需的大量资金，泛亚铁路建设在这三国境内处于严重滞后阶段。另外，昆曼公路、港口航道建设、信息通信基础设施建设、能源基础设施建设等资金需求巨大，资金的匮乏影响了建设进程。虽然近年来中国—东盟经济交往程度大幅度加深，但是设施联通建设尚未跟上经济需求。此外，中国与东盟之间的设施联通建设毕竟属于跨国项目，在大国博弈、地缘政治、对象国政治稳定、融资等方面亦存在风险。[①]

第三，区域经济一体化及地区生产网络建设提升贸易畅通水平。中国—东盟贸易畅通状况在“一带一路”沿线国家中最优，但区域内存在差异。其主要原因在于：1. 区域经济一体化为贸易畅通提供了良好环境。自2010 年中国—东盟自贸区建成后，中国与东盟各国全面实施“零关税”。自 2015 年开始，中国—东盟全面打造自贸区升级版，双方进一步推动贸易便利化。中国—东盟自贸区内包含 11 个成员国，涵盖 19 亿人口，从经济规模看，是发展中国家组成的最大的自由贸易区，也是世界上人口最多的自贸区。2. 地区生产网络和经济相互依赖的不断加深为贸易畅通提供持续的动力。20 世纪 80 年代开始，东亚区域生产网络开始形成，中国—东盟在产业结构方面存在一定互补性，经济相互依存度较大。随着海丝建设的推进以及亚洲基础设施投资银行的正式成立，中国—东盟产能合作、园区合作和基础设施合作也将持续深化。3. 区域内经济发展不平衡导致贸易畅通的不均衡格局。东盟十国内部经济发展差异较大，且经济也呈现不均衡发展。以工业化程度为例，新加坡、文莱、马来西亚处于工业化后期；泰国处于工业化中后期；印度尼西亚处于工业化中期；越南、菲律宾、老挝

① 宁留甫：《跨国设施联通：历史启示与现实风险》，《宁夏社会科学》2016 年第 3 期，第91—95 页。

处于工业化起飞阶段；柬埔寨、缅甸处于工业化萌芽阶段。[①] 由于各国经济发展状况不一致，各国经济发展目标也不一样，与中国贸易畅通建设水平不一。

第四，金融合作基础及区域融资机构建设保障资金融通水平稳步提升。目前，中国—东盟资金融通总体水平处于首位，远高于“一带一路”沿线国家平均水平，主要得益于中国—东盟在金融机构与金融市场方面的合作。例如，富滇银行与越南、老挝、柬埔寨、泰国、马来西亚、新加坡等东南亚国家相关机构已经建立了代理行和账户行关系网络，开展人民币对泰铢以及其他东南亚货币直接报价及相应的金融服务。在金融市场方面，人民银行积极参与了东亚及太平洋地区中央银行行长会议组织（EMEAP）机制下的亚洲债券基金的发行和管理工作，并与其他参与方共同提出了“10 +3”金融合作机制下的亚洲债券市场倡议，为“10 +3”国家的公司发行可投资级及以上的本币债券提供担保，促进本地区本币债券市场的发展。此外，区域融资机构的建设也强烈刺激了中国—东盟在资金融通方面的建设。2013 年 10 月亚洲基础设施投资银行（简称“亚投行”）正式成立。同年 11 月，中国提出将出资 400 亿美元成立丝路基金，为“一带一路”沿线国家基础设施、资源开发、产业合作等与互联互通有关项目提供投融资支持。但是，东盟国家的政治局势、经济金融水平的不一导致东盟国家资金融通状况存在差异。部分东盟国家政局不稳，且各国之间经济发展水平参差不齐，经济发展模式多元化，金融体系内部结构和对外开放程度存在较大差异，加上东盟整体金融机构管理、经营能力相对欠缺，金融生态环境相对发展滞后，制约了中国—东盟的资金融通建设。

第五，政策沟通程度及资源禀赋互补影响民心相通建设。政策沟通顺畅则有利于营造良好的舆论和民意氛围，沟通不畅则可能会导致双边关系紧张，民心浮动。相较于发展贸易关系等经济手段，政策沟通能够更加直接地影响双边民心相通的质量。20 世纪 90 年代中国与东盟开始互动以来，双方主打经济牌，但是经过几十年的经营，似乎并没有达到预期效果。越

① 郭晓合：《中国—东盟自由贸易区建设：现状与前瞻》，《人民论坛·学术前沿》2016 年第 19 期，第 36—43 页。

南、菲律宾等国民众对于同中国领土争端的担忧比例一直维持在80%以上①。由于在南海问题上的争端，以及美国重返亚太“拉菲围华”，中菲政治对抗转化为持续高涨的民族情绪，导致民众好感度降低。此外，双边资源禀赋的异同性和互补性会影响民心相通各分项指标之间的均衡性。东盟国家丰富的旅游资源是旅游指标高分值的原因。东盟国家科研水平整体不高，发展程度不均，在基础科学和高新技术发展方面比较落后，除新加坡之外，大多数尚处于起步阶段，这些都是导致中国—东盟科教交流水平较低的主要原因。

五　改善中国—东盟“五通”现状的建议

第一，持续推进中国—东盟战略关系，针对个别国家因势利导。目前，中国与东盟国家之间的政策沟通状况整体良好，在未来一段时间内需巩固现有的合作和对话机制，推动中国—东盟关系的转化升级，支持东盟共同体建设，以及东盟在东亚合作机制中的核心主导作用。在外交上，针对菲律宾等与中国有领土争端的国家，唯有两国政府从战略高度与长远利益出发，建立良好的政策沟通机制，如外交热线等，推动信任建设措施，防止误判，才可能搁置争议共促发展。在安全上，改善政策沟通的同时也要做好安全预防措施。东南亚国家政治稳定性及清廉指数普遍较低，中国除了要对“走出去”项目进行分类规划指导外，还需加快自身海外活动能力建设，为中国企业“走出去”保驾护航。

第二，推动风险评估和现有设施联通规划进程，创新合作模式。中国—东盟设施联通的升级首先需要巧妙化解地缘政治和对象国国内政治风险，做好国别和区域风险评估，比如，缅甸、文莱、菲律宾与中国的政策沟通属于“潜力型”，这可能会影响设施联通的水平，对这些国家的政治环境、市场环境及资金状况进行风险评估是设施联通建设的前提。其次，完善“一带一路”与《东盟互联互通总体规划》的对接方案。在《东盟互联互通总体规划》中，中国大力推动的南宁—新加坡经济走廊却没有被

① Pew Research Center, Spring 2015 Global Attitudes Survey, September 2, 2015, http://www.pewglobal.org/2015/09/02/how--asia--pacific--publics--see--each--other--and--their--national--leaders/asia--heat--map/，登录时间：2016年10月13日。

列入，对此，相关方应有效沟通，纠正偏差。最后，创新投融资和运作模式，鼓励利益相关方参与建设，积极发挥亚洲基础设施投资银行、丝路基金、中国—东盟银行联合体以及民营资本的作用，做到利益和风险共担。

第三，加强政策沟通、推动设施联通、落实园区建设，助力贸易畅通。目前中国—东盟贸易畅通建设的问题主要体现在贸易条件、投资和非关税壁垒方面，可从以下几个方面解决：1. 加强政策沟通，为双边经贸合作提供良好的制度环境。借助地区合作平台，推动中国—东盟自贸区升级版的建成，进一步提升地区贸易自由化和便利化水平，为中国—东盟贸易畅通与“一带一路”倡议的对接提供制度支持。2. 推动互联互通，为贸易便利化提供基本的载体。目前东盟部分国家基础设施建设还不够完善，对双方交流形成了一定的制约。互联互通建设不仅能为双方经贸合作提供基本保障，也能促进双方在基础设施等方面的合作。3. 落实园区建设，为经济互利共赢提供项目支持。园区建设能为港口和大通道的发展提供持续动力。当前，中国—东盟在产业园区合作方面已经取得了一定的成果，如中马钦州产业园、中新产业园等都已成为促进中国—东盟经贸合作，实现中国—东盟互利共赢的重要手段。

第四，提升货币结算便利性，通过政策支持为金融合作创造条件。首先，扩大东盟各国本币跨境使用。推动有条件、有意愿的东盟国家在经常项下和资本项下实现本币定价、结算、簿记或投资，以此来降低交易成本，提高本地区经济国际竞争力，增强抵御金融风险能力。另外，继续扩大中国与东盟国家的双边本币互换规模和范围，落实好现有本币结算协议并商签更多的本币结算协议，统筹考虑为有需要的国家建立人民币清算行安排，增加贸易投资的便利性。其次，通过政策支持为金融合作创造便利条件。深化与东盟国家的区域监管合作，加强与东盟国家各监管当局的沟通协调，扩大信息共享范围，提升在重大问题上的政策协调和监管一致性，逐步在区域内建立高效监管协调机制。最后，发挥金融机构的主体作用，推动双边经贸和金融合作。国家开发银行、进出口银行、中国出口信用保险公司的政策性金融机构和新建的各类多边金融机构应该协调配合，在融资、支付和保险等方面为企业提供保障。

第五，巩固发扬优势活动，开发民心相通建设新途径。首先，巩固并壮大旅游交往，重点推动来华旅游活动。目前，东盟成员国旅游目的地热度非常高，但是来华旅游人数较少，从而导致东南亚民众对中国关注度不高。为此，可采取以下措施：1. 中国—东盟互办旅游年，借助旅游年举办各式各样的旅游宣传节目。2. 进一步推动旅游免签。无论是对华过境还是东盟，实现全部免签。3. 开发中国特色的旅游景点。其次，推动建立中国—东盟青年论坛机制及多边青年领袖峰会机制，促进青年精英的科研交流。除了新加坡，东盟国家科研水平普遍较低。但是青年学者和青年学生属于新生代力量，有着探索未知敢闯敢干的勇气，通过举办论坛或峰会，可为有知识的青年提供一个交流观点分享智慧的平台。最后，充分利用友好城市关系的资源，将城市友好转化为民众友好。目前，中国与东盟十国建立友好城市的数量分别为：新加坡1个，马来西亚11个，泰国32个，印度尼西亚21个，老挝14个，柬埔寨13个，越南34个，菲律宾27个，缅甸7个，文莱1个①。但是，友好城市关系的数量与民众好感度并没有成正比，尤其是越南和菲律宾，民众好感度只有0.1。有必要对此种现象进行调研，分别找出成功与失败的案例，总结经验和教训，开发成功案例，发挥其模范示范作用。

总之，中国与东盟各国在政策沟通、设施联通、贸易畅通、资金融通以及民心相通建设方面存在区域内差异，在各指标上亦不均衡。改善中国—东盟“五通”现状要因势利导，查漏补缺，寻找互联互通建设中的亮点，补上个别国家个别指标中的“短板”，推动“五通”建设均衡稳步发展。

A Comparative Study on the Five-Connectivity Index between China and ASEAN

Research Group of Global Interconnection Research Center, Peking University

Abstract In order to quantify the connectivity of countries along the Belt and Road, Institute of Ocean Research of Peking University, Development Re-

① 《世界各国与我国建立友好城市关系一览表》，中国国际友好城市联合会网站，http://www.cifca.org.cn/web/WordGuanXiBiao.aspx，登录时间：2016年7月10日。

search Center of the State Council and National Information Center jointly developed the Five-Connectivity Index, which is the scientific analysis and comprehensive evaluation of policy coordination, ıacilities connectivity, unimpeded trade, financial integration and people-to-people bond of above countries. This paper selects the Five-Connectivity Index of ASEAN from the Research Group of Global Interconnectivity Studies. Through general introduction to the status quo of the connectivity between China and ASEAN, and comparative analysis of the differences and similarities of ASEAN members, this paper identifies the causes and puts forward relevant policy suggestions.

Key Words China; ASEAN; Five-Connectivity; Index

Authors Research group of Global Interconnectivity Studies, Peking University. Group leader: Zhai Kun, Professor and Doctoral Tutor of the School of International Studies, Peking University. Director of the Center for Global Interconnectivity Studies, Peking University. Chief writers: Wang Lina, Liu Xiaowei, Liu Jingye and Wang Weiwei, all Doctoral candidates and Postdoctoral Researchers of Peking University. Other team members: Pan Yue, Gu Mingfei, Zhou Qiang, Deng Han, Liu Qian, Zhang Shuai, Pan Qiang, Pang Wei, Luo Jinjing, Fan Jiarui, Tao Xiaoyang, Gao Qian, Cao Yue, Zhang Gaoyuan.

贸易与投资

中国对东盟国家出口量预测

张　锦　唐海琳　李国旗　阮　燕

【摘要】对东盟国家的出口量进行预测是我国更好制定或调整对东盟外贸政策的重要前提。东盟国家国情差异较大，单一预测方法不能准确预测出口量，综合考虑东盟国家经济发展水平、中国对其出口量以及与中国关系将东盟划分为三个国家集群。根据每种预测方法的适用范围不同，选用三次指数平滑法预测中国对第一、二集群国家出口量，改进的多层递阶回归算法预测中国对第三集群国家出口量。最后根据对东盟出口量的预测结果以及考虑双方未来的合作潜力，提出对策建议。

【关键词】东盟国家分层　对外出口量　指数平滑法　改进的多层递阶回归算法

【基金项目】中国—东盟区域发展协同创新中心科研专项和教育部长江学者和创新团队发展计划联合资助“中国—东盟基础设施互联互通战略规划研究”（CWZ201501）。

【作者简介】张锦，西南交通大学交通运输与物流学院教授、博士生导师，中国—东盟区域发展协同创新中心分中心执行主任；唐海琳，西南交通大学交通运输与物流学院硕士研究生；李国旗，西南交通大学交通运输与物流学院讲师；阮燕，西南交通大学交通运输与物流学院越南籍博士。

出口贸易的发展是一国国内市场得到不断外延和进口贸易得以持续发展的保证条件，并与消费、投资构成了拉动国民经济发展的“三驾马车”。同时，出口贸易的发展还是国内企业开阔视野、参与国际竞争和享有外溢效应的重要手段。中国多年来所坚持的出口导向型外贸战略取得了巨大的成就，极大地推动了经济的快速发展。东盟作为中国重要的出口市场，2015年双方贸易量达到4722亿美元，其中中国对东盟出口量为2775亿美元，同比增长2.02%。2015年是“一带一路”战略从顶层设计和规划走向逐步落实的一年，在“一带一路”大战略中，东盟是中国建设“21世纪海上丝绸之路”中经贸投资不容忽视的一部分。同年，中国与东盟签署《中华人民共和国与东南亚国家联盟关于修订〈中国—东盟全面经济合作框架协议〉及项下部分协议的议定书》，标志着中国—东盟自贸区正式升级。“一带一路”建设与中国—东盟自贸区升级背景下，双边贸易量有望稳步增加。对中国对东盟国家出口量预测研究有利于中国更清晰地认识人均GDP、汇率变化等主要因素对中国—东盟贸易增长的影响等，从而有利于中国根据预测结果合理地制定对东盟贸易发展战略，提高双方贸易量，为中国与东盟迎来“钻石十年”创造机遇。

从诸多国内外文献的研究来看，外贸预测的方法有很多。Silva等①用非参数时间序列和奇异谱分析预测技术来进行贸易预测，并以2008年的经济衰退建立预测模型。Natale等②运用引力模型通过分析水产品贸易量与人口、收入、地理距离等之间的关系来预测未来水产品贸易量。王红等③应用逐步回归对进出口贸易预测建模做了研究。针对历史贸易额变化趋势不大的外贸预测，阎善郁等④利用三次指数平滑法在大样本条件下具有渐近最优性的特点，预测2010年大连港的货物量及增长率。对于多种相关因子影响的外贸环境，韩志刚⑤系统地提出了多层递阶方法，后来又完善为应用于外贸出口预测的多层递阶回归算法，既体现高相关因素在预测模型中的重要性，又考虑了动态系统的时变特性，更能准确预测今后几年的出口量。

但以上文献研究的进行外贸的国家或区域经济水平与发展速度相近，而东盟十国内部经济水平差距大，且与中国亲疏远近不同，所以将东盟视

① Silva, E., “On the use of singular spectrum analysis for forecasting U. S. trade before, during and after the 2008 recession”, *International Economics*, (141) 2015: 34 - 49.

② Natale, F., “Analysis of the determinants of international seafood trade using a gravity model,” *Marine Policy*, 2015: 98 - 106.

③ 王红、童恒庆、魏平：《进出口贸易额预测的逐步回归建模研究》，《统计与决策》2006年第2期，第80—82页。

④ 阎善郁、李丰岩、荣文竽：《三次指数平滑法预测大连港货物吞吐量》，《大连交通大学学报》2009年第30期，第45—46页。

⑤ 韩志刚：《多层递阶方法理论与应用的进展》，《控制与决策》2001年第16期，第129—132页。

作一个整体选取预测方法会造成较大的误差。预测中国对东盟的出口量之前，可以将东盟国家首先进行分层，将国情、经济发展速度以及与中国关系较为相近的国家划为同一集群，针对不同集群国家选用适用的预测方法可以最大化地降低预测误差。最后结合对三个集群的预测结果以及双方的物流合作潜力为中国制定政策提供建议。

一　东盟国家分层

（一）按照东盟国家自身经济水平划分

东盟十国经济发展差距巨大，其中既有人均国民收入总值达到几万美元的新加坡和文莱；又有人均国民收入总值上千美元的泰国、印度尼西亚、马来西亚、越南、老挝和菲律宾；还有人均国民收入总值只有几百美元的仍然非常贫穷的柬埔寨和缅甸（2011 年）。可见对东盟国家进行分析研究，必须考虑其巨大的经济差异。世界银行每年都会根据人均国民总收入（GNI）将各个国家分为四个层次进行分析和研究，东盟十国在四个层次中均有分布。中国也有一些学者曾经对东盟国家按照经济状况进行过划分，他们的划分内容及划分依据汇总如表 1 所示。

表 1　　　　国内外关于东盟十国分层结果及依据

	划分依据	划分等级			
世界银行（2015 年）	人均国民总收入（GNI）	高收入国家	中高收入国家	中低收入国家	低收入国家
		新加坡、文莱	马来西亚、泰国	菲律宾、印度尼西亚、越南、缅甸、老挝	柬埔寨
朱俊峰、王健①	人均 GDP	高收入国家	中等收入国家	低收入国家	—
		新加坡、文莱	印度尼西亚、马来西亚、越南、泰国、菲律宾	柬埔寨、老挝、缅甸	—

① 朱俊峰、王健：《对外贸易、经济增长与趋同发展——基于东盟国家 1990—2009 年面板数据的实证研究》，《世界经济研究》2010 年第 8 期，第 57—62 页。

续表

	划分依据	划分等级			
李建伟①	经济发展水平	发达国家	向新兴工业化迈进的国家	正在改革中的国家	按部就班发展的国家
		新加坡、文莱	马来西亚、泰国、菲律宾、印度尼西亚	越南	柬埔寨、老挝、缅甸

（二）按照中国对其出口量划分

但单一以经济发展水平来划分东盟国家的层次或者集群并不完全准确，例如文莱的人均国民总收入虽然高，俨然已经是一个较发达国家，但是文莱人口数量较少，2014 年 GDP 总额只有 172.57 亿美元，且进出口结构单一，主要以石油等化工产品为主，所以单纯考虑经济状况将东盟国家

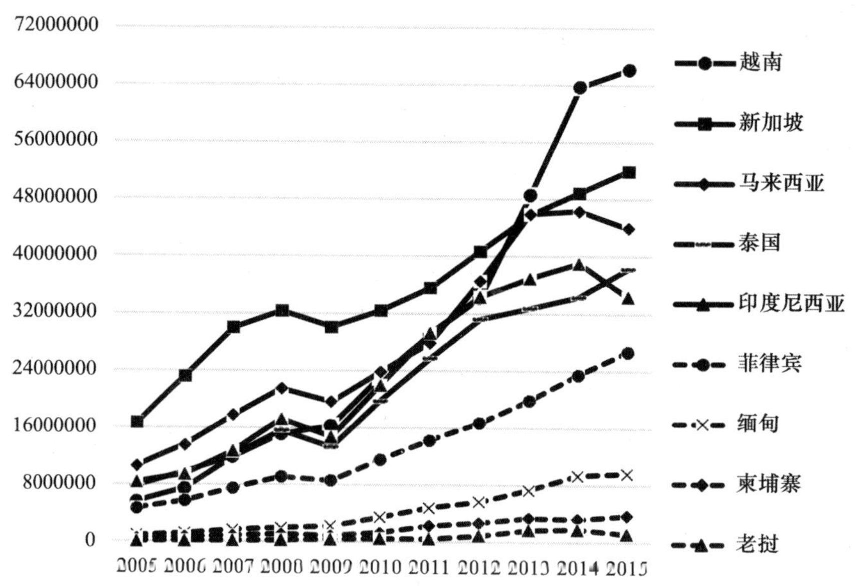

图 1　中国对东盟国家 2005—2015 年出口量（千美元）

数据来源：各年《中国口岸年鉴》。

① 李建伟：《中国对东盟直接投资的策略选择》，《东南亚纵横》2008 年第 10 期，第 52—56 页。

分层并不能很好地反映国家状况。本文主要关注未来中国对东盟国家的出口量趋势，所以要在东盟各国经济发展状况的基础上综合考虑中国对东盟国家的出口量。中国对东盟近十年的出口量如图 1 所示。

可以看到，中国对马来西亚、新加坡、越南的出口量远超其他国家，而对缅甸、柬埔寨、老挝、文莱的出口量较少，其中中国对文莱与中国对老挝的出口量相差无几，且近几年来增长趋势大致相同。

（三）东盟国家分层结果

按照自身经济水平划分，文莱应处于第一集群国家，但按照中国对其出口量划分，文莱应处于第三集群国家，对文莱的分层结果会影响到后文中数据的处理以及结论的给出，所以本文重点研究中国对除文莱之外的东盟其他 9 个国家的出口量及预测。

综合考虑东盟国家经济发展水平、中国对其出口量以及与中国关系，将东盟 9 个国家划分为三个国家集群。

新加坡作为东盟国家中唯一的发达国家，2008 年与中国签订《中华人民共和国政府和新加坡共和国政府自由贸易协定》，2009 年取消自华进口关税至今，中国对其出口量一直保持稳定增长，且远超大多东盟国家，故将新加坡划为第一集群国家。马来西亚、泰国、菲律宾、越南、印度尼西亚均为中等收入国家，且在中国对其出口量上处于东盟国家领先地位。中国与马来西亚、泰国、越南、印度尼西亚均建立了全面战略合作伙伴关系，与菲律宾签订《战略合作共同行动计划》，所以将马来西亚、泰国、菲律宾、越南、印度尼西亚划为第二集群国家。柬埔寨、缅甸、老挝属于收入较低国家，经济发展水平较差，并且由于国家自身购买力有限，中国对其出口量与其他东盟国家相比有较大差距，所以将柬埔寨、缅甸、老挝划为第三集群国家。

二　出口量预测模型选取

若要精确预测中国对三个集群的国家的未来出口量，最重要的是观察历史出口量的发展趋势，需要在搜集到的历史数据的基础上，合理分析，选取方便易行、科学准确且适用于每一种集群国家的方法。通过对历史数据的分析可以发现，2008 年底全球范围爆发金融危机，中国与世界大多国家的进出口都受到不小的冲击，导致 2009 年全球贸易严重下滑；2010 年中国—东盟自贸区成立，中国与东盟各国之间的贸易额均有了较大增幅。2009 年、2010 年的事件为小概率事件，以这两年数据反映未来会有较大误差，故将 2009 年与 2010 年数据视为异常值，在分析数据时将其剔除。近几年中国对东盟各集群国家的出口量及增长率如图 2 所示。

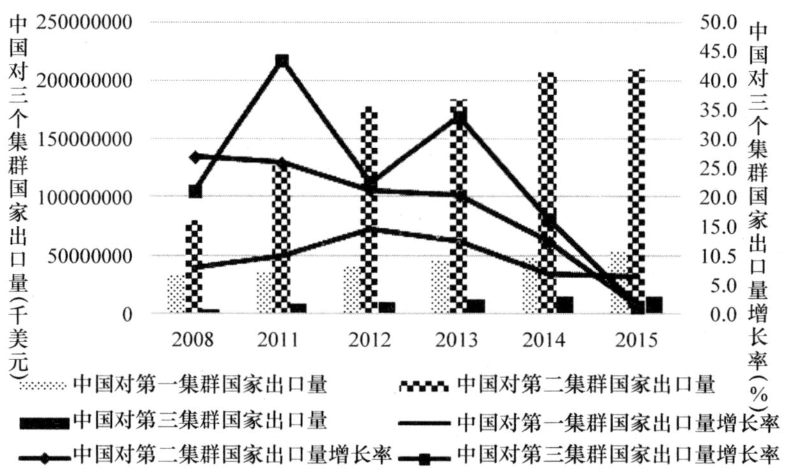

图 2　中国对东盟各集群国家 2008—2015 年出口量（柱状图）及增长率（条形图）

由图 2 可知，2013 年以前，中国对东盟国家的出口量增长率较为稳定，2013 年以后，中国对东盟国家的出口量增长率出现了明显的下滑趋势。针对中国对东盟各个集群国家出口量增长率的变化特点，本文选取不同的模型计算中国对其未来 5 年的出口量。在选取中国对第一集群国家出口量预测方法时，首先从图 2 中发现中国对第一、二集群国家的出口量上升趋势稳定，尤其是 2008 年以来增长率基本保持不变，2015 年中国—东盟自贸区完成升级，中国与第一、二集群国家的合作更是会进入发展黄金期，对于这样的历史数据，用直线拟合显然不合适，所以配合曲线的指数平滑法更为适用。其次，其他的预测方法相比指数平滑法都更为复杂，且要求获取大量的数据，考虑到数据的可获得性等因素，选取操作简单、计算量小的指数平滑法进行预测。美国学者布朗最早提出指数平滑法，他认为时间序列的态势具有稳定性或规则性，所以时间序列可被合理地顺势拖延，且最近的过去态势在某种程度上会持续到最近的未来态势，应用三次指数平滑法对未来出口量进行预测，通过对既往数据的分析和计算，可最大精度地获得目标年份的预测值。从图 2 中可以看出，中国对第三集群国家出口量增长率波动较大，以往的预测模型都是静态模型，模型参数是固定的，而外贸系统是动态的，随时间变化的，影响它的各因子与预测量的相关程度不一样，且它们之间的量值差异较大，改进的多层递阶回归能较好体现高相关因子在预测模型中的应用，不仅考虑了动态系统的时变特性又能消除因子间量值差异引起的预测误差，因此采用改进的多层递阶回归方法建立的模型比较切合实际。

三　中国对第一、二集群国家的出口量预测

（一）预测模型

三次指数平滑法是时间序列预测方法的一种，其预测模型是：

$$Y(t+1) = \alpha X(t) + (1-\alpha) Y(t)$$

其中，$X(t)$ 为第 t 期的中国实际出口量，$Y(t)$ 为第 t 期的预测出口值。α 为平滑系数，设时间序列为 $X_1, X_2, X_3, \cdots, X_t$ 。对预测周期为 T 年、基年为第 t 年的指标预测值 $Y_{(t+T)}$ ，其三次指数平滑法的数学模型为：

$$Y(t+T) = a_t + b_t T + c_t T^2$$

式中 a, b, c 均为平滑系数。

（二）平滑系数 α 值的确定

应用指数平滑法进行趋势预测时，还需要合理确定平滑系数 α 的值。从指数平滑值计算公式可知，下期指数平滑值是在本期本次指数平滑值的基础上，对下期实际值（或者下期前次指数平滑值）与本期本次指数平滑值之间的误差加以适当调整（乘以系数 α ）而得到的。在此时 α 宜取较大值（0.7—0.9）。将 2014 年、2015 年的预测值与实际值进行误差分析，计算均方根误差后，得出中国对第一集群国家出口量取 $\alpha = 0.8$、中国对第二集群国家取 $\alpha = 0.7$ 时，预测结果较优。

（三）预测结果

由上公式确定最终中国对第一、二集群国家预测方程分别为：

$Y_{T+t} = 48916920 + 3550919T - 557964T^2$

$Y_{T+t} = 207249224 + 1897109.506T - 166000.864T^2$

本文选取2004—2015年中国对东盟出口量为样本数据，数据来源于《中国统计年鉴（2005—2016）》，可得中国对第一、二集群国家2016—2020年出口量的预测值如图3所示。

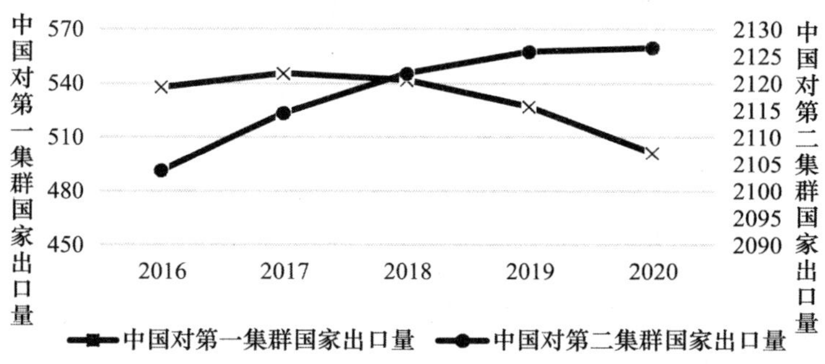

图3　中国对第一、第二集群国家2016—2020年出口量（千亿美元）

四　中国对第三集群国家出口量预测

（一）样本选取

对外贸易中，影响进出口贸易总额的因素很多，姚丽芳①认为主要是国民生产总值、固定资产投资、城乡居民储蓄、利用外资以及汇率等五个因素共同影响进出口总额。郑磊②从经济发展水平、经济结构、对外贸易、基础设施、社会环境、自然环境等方面选取了12个指标，进行回归分析。

① 姚丽芳：《中国外贸进出口影响因素实证分析》，《统计研究》1998年第5期，第25—30页。

② 郑磊：《中国对东盟直接投资研究》，经济科学出版社2011年版，第50—54页。

以上述研究为基础，选取 11 个对进出口贸易总额相关程度较大的因子来预测进出口贸易总额，具体指标说明及数据来源如表 2 所示。

表 2　**指标说明及来源**

影响因素	变量说明	数据来源
经济与增长	中国及东盟人均 GDP	《中国统计年鉴》《东盟统计年鉴》
	中国及东盟对美元汇率	亚洲开发银行出版物：Key Indicators for Asia and the Pacific 2010: The Rise of Asia's Middle Class
政治稳定	政治风险指数	The PRS Group
科学与技术	中国与东盟的专利申请数量（居民）	世界银行《世界发展指标》
	研发支出（占 GDP 的比例）	世界银行《世界发展指标》
贸易壁垒	中国与东盟规避贸易壁垒指数	世界贸易组织：Statistics on anti-dumping
	双边贸易成本	根据《东盟统计年鉴》整理
	中国与东盟最低贷款利率	《中国统计年鉴》《东盟统计年鉴》
教育	教育公共开支总额（占 GDP 的比例）	世界银行《世界发展指标》
社会发展	总失业人数（占劳动力总数的比例）	世界银行《世界发展指标》
物流	物流绩效指数	世界银行数据库

以中国对东盟第三集群国家的出口量为因变量，表 2 中的变量为自变量进行相关性分析，得出中国对东盟第三集群国家的出口量与中国及第三集群国家人均 GDP、第三集群国家的汇率、政治风险指数、最低贷款利率、第三集群国家失业人数有关。

（二）预测模型建立

选取中国与东盟第三集群国家 2005—2014 年进出口总额为 $y(k)$，人均 GDP 为 $\mu_1(k)$，第三集群国家汇率变化率为 $\mu_2(k)$，第三集群国家政治

风险指数为 $\mu_3(k)$，东盟第三集群国家最低贷款利率为 $\mu_4(k)$，第三集群国家失业人数为 $\mu_5(k)$。要建立改进的多层递阶回归模型，首先要利用标准化后的数据［$\mu_1'(k)$、$\mu_2'(k)$、$\mu_3'(k)$、$\mu_4'(k)$、$\mu_5'(k)$］用最小二乘法建立多元线性回归方程组，用列主元法或高斯消元法等求解此方程组，得到关于进出口总额和第三集群国家人均 GDP、汇率变化、政治风险指数、最低贷款利率、失业人数的回归方程与回归系数。对回归方程进行显著性检验，可看出：

$$\frac{S_{回}/\mathrm{k}}{S_{差}/(n-k-1)} > F_{0.05(5,4)}$$

因此在显著性水平为 0.05 时，该回归方程显著成立。这说明进出口贸易额与第三集群国家人均 GDP、汇率变化率、最低贷款利率、失业人数间存在线性关系。根据时变参数跟踪递推算法公式：

$$\beta'_i = \beta'_i(k-1) + \frac{1}{\sum_{i=1}^{m}[\mu'_i(k)]^2} a_i \mu'_i(k)\left[y'(k) - \sum_{i=1}^{m}\mu' i(k)\beta'_i(k-1)\right] \tag{1}$$

可得到 $\{\beta'_i\}$ 估值序列，并采用多层 AR 模型递阶法来对时变参数进行预测，模型如下：

$$\beta'_i(k) = a_1(k)\beta'_i(k-1) + a_2(k)\beta'_i(k-2) + a_3(k)\beta'_i(k-3) + a_4(k)\beta'_i(k-4) + a_5(k)\beta'_i(k-5) + \mathrm{e}(k) \tag{2}$$

对时变参数 $\hat{a}(i,k)$ 运用以下的时变参数跟踪公式：

$$\hat{a}(i,k) = \hat{a}(i,k-1) + \frac{1}{\sum_{i=1}^{5}\beta'_i(k-1)}\left\{\beta'_i(k) - \sum_{i=1}^{5}\beta'_i(k-1)\hat{a}(i,k-1)\right\} \tag{3}$$

由（3）式可以得到 $\hat{a}(i,k)$ 的估值序列，然后用均值近似法得出 $\hat{a}(i,k)$ 的预测值，从而根据（2）式可以得到时变参数 $\beta'_i(k)$ 的向前一步预测值：

$$\beta'^*_i = a_1^*(15)\beta'_i(15) + a_2^*(15)\beta'_i(14) + a_3^*(15)\beta'_i(13) + a_4^*(15)\beta'_i(12) + a_5^*(15)\beta'_i(11) \tag{4}$$

利用（4）式可以得到 2015 年的时变参数预测值，再利用

$$y_i = \sum_{i=1}^{m} a_i\beta'^*_i(k)u'_i(k) + a_0 \tag{5}$$

可得，

$$Y(k) = 9368010.5 + 0.57\beta'_1(k)\mu'_1(k) + 56.24\beta'_2(k)\mu'_2(k) + 7.42\beta'_3(k)\mu'_3(k) + 1.35\beta'_4(k)\mu'_4(k) + 37.21\beta'_5(k)\mu'_5(k) \quad (6)$$

由公式（6）得到2015年的预测值为150亿美元，与实际值相比误差范围为2%。

中国对第三集群国家未来5年的出口量预测数据如图4所示。

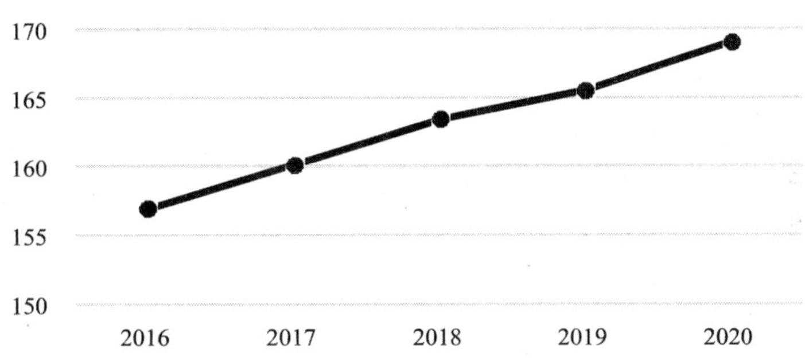

图4　中国对第三集群国家2016—2020年出口量（千亿美元）

五　结论与分析

通过预测中国对东盟三个集群国家出口量，可以发现未来5年出口量的增长率呈现不同的变化趋势，中国对东盟国家出口量未来增长趋势以及年均增幅分别如图5和表3所示。

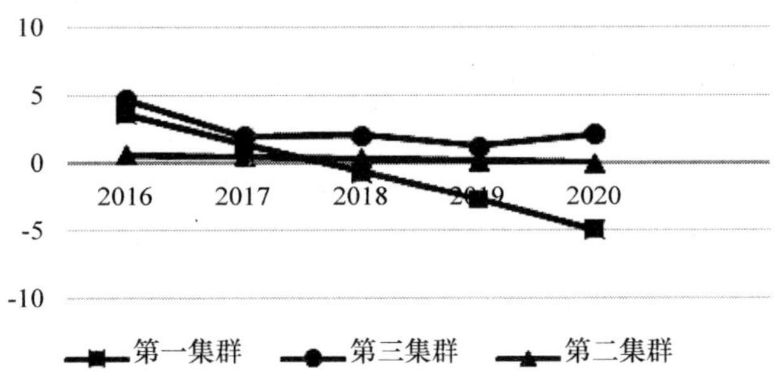

图5　2015—2020年中国对三个集群国家出口量增长率（%）

表 3　　2015—2020 年中国对三个集群国家出口量年均增幅

类别	年均增幅（%）
中国对第一集群国家	-0.6%
中国对第二集群国家	0.3%
中国对第三集群国家	2.4%

由图 5 和表 3 可以看出，未来 5 年内中国对东盟三个集群国家出口量增长速度会逐渐放缓。其中中国对第一集群国家出口量增长率年均增幅小于0，未来 5 年内中国对新加坡出口量会逐渐减少；中国对第二集群国家的出口量在未来 5 年内增长率保持稳定，无明显的变化趋势，增幅较低，未来 5 年内中国对其出口量会基本保持现有水平；相比较中国对第一、第二集群国家，中国对第三集群国家的出口量增长率虽然和原来一样有波动，但未来尤其是 2017 年以后，增长率慢慢趋于稳定，且增幅远高于其他两个集群国家。

中国对东盟国家出口量增长速度放缓主要由于目前全球正处于贸易萎缩的大环境，中国出口下降也难以完全避免。另外，近年来中国加大了企业“走出去”的步伐，原本在本土生产的产品或者工厂迁到越南等东南亚国家，实际上投资增加了，但是贸易量却下降了。针对对东盟出口量下降的情况，我国从物流角度出发可以考虑以下建议：（1）加快与东盟国家的互联互通。互联互通不仅仅要加快与周边东盟国家的“物流大通道”建设，这是双方贸易往来的先行基础，同时也要依托我国在轨道交通设计规划、施工建设、设备生产等领域的经验与优势，积极参与东盟地区铁路、高铁和地铁建设项目。（2）实现通关便利化合作。我国与东盟国家应重点解决口岸通关、出口结汇及关税等问题，加强信息化建设，提高通关效率。（3）物流合作机制模式创新。做到“产城一体”，鼓励我国企业取道东盟，将港口、码头、场站、城市与园区一起进行捆绑开发。

随着近几年中国产业结构的转型，中国与新加坡在比较优势产业上的差异正在逐步减小，新加坡在资本密集型产品上的优势正在减小，同时越南、印度等国已经逐渐取代中国成为“世界工厂”，导致中国对新加坡出口量增速放缓。为提高中国对新加坡出口量，未来两国应该充分发挥各自的比较优势，同时采取市场多元化和产品差异化战略，推进两国贸易发展的同时，促进两国产品间良性竞争。

2015 年跨太平洋伙伴关系协定（Trans-Pacific Partnership Agreement，以下简称 TPP）达成一致，第二集群国家中的马来西亚、越南作为中国在东盟国家中的最大进口市场加入并成为 TPP 成员，并且近几年泰国、菲律宾两国也一直徘徊在中国—东盟自贸区与 TPP 之间，这些都在一定程度上冲击了中国—东盟自贸区的地位，进而影响两国之间的贸易往来。为避免 TPP 对自贸区带来的影响，中国应加快实施自由贸易区战略，确保东亚区域一体化合作的稳步推进，促进相互之间贸易投资便利化。目前中马、中泰等多个铁路合作项目已经启动，中方可以以此为契机，加快与第二集群国家在公路、港口等领域的对话。

从相关性分析中可以看出，中国对第三集群国家的出口量与第三集群国家的人均 GDP 相关系数最高，可以说第三集群国家内部的经济发展与政治稳定是影响中国对其出口量的主要因素。中国未来应首先在与第三集群 3 个国家保持良好关系的同时，立足三国长远发展的需要，力所能及拓展对其援助的领域、形式和载体，把援助项目和投资项目有机结合起来；中国要拓宽企业对外投资融资渠道，加大对中小企业的支持力度，这样可以使国内有潜力的企业在最小的风险下迈出国门，与三国合作；同时中国可以以各类经贸园区为抓手，推进与第三集群国家的投资与产能合作。

A Forecast of China's Export Volume to ASEAN Countries

Zhang Jin, Tang Hailin, Li Guoqi and Ruan Yan

Abstract Forecasting exports to ASEAN is an important precondition for China to formulate and adjust its policy of foreign trade. Due to various conditions of ASEAN countries, the single forecasting method cannot predict exports accurately. Considering ASEAN countries' economic development level, imports from China and the relations with China, we divide ASEAN countries into three clusters. According to the different application of each forecasting method, cubic exponential smoothing method is chosen to predict China's export volume to the first and second cluster countries, and the improved multi-hierarchic recursive regression algorithm is used to forecast China's export volume to the third cluster countries. Based on the prediction of exports to ASEAN and great potential for cooperation, we put forward some countermeasures and suggestions.

Key Words Stratification of ASEAN Countries; Exports; Cubic Exponential Smoothing Method; Improved Multi-hierarchic Recursive Regression Algorithm

Authors Zhang Jin, Professor and Doctorial Tutor, School of Transportation and Logistics of Southwest Jiaotong University, Executive Director at the branch center of China-ASEAN Collaborative Innovation Center for Regional Development. Tang Hailin, Postgraduate for master's Degree, School of Transportation and Logistics of Southwest Jiaotong University . Li Guoqi, Lecturer, School of Transportation and Logistics of Southwest Jiaotong University. Ruan Yan, Vietnamese, Ph. D, School of Transportation and Logistics of Southwest Jiaotong University.

中国—东盟 FTA 服务贸易自由化水平估测

孙玉红　张春潮

【摘要】本文采用 Hoekman 指数进一步细化的方式，按照修正的频度分析法赋值，依据中国和东盟签署服务贸易协议后所公布的第二批承诺减让表，具体从总体开放水平、部门开放水平两个层面进行测度，其中每一个层面均包括对四种服务模式和市场准入及国民待遇两个维度的承诺对中国以及东盟五国服务市场开放水平进行评估。通过量化测度，本文论证了中国和东盟五国在承诺中的特点和开放水平排序，以期为 CAFTA 框架下第三批承诺和 RCEP 服务贸易谈判奠定基础。

【关键词】CAFTA　服务贸易自由化　第二批承诺　国民待遇　市场准入

【基金项目】中国—东盟研究院“教育部长江学者和创新团队发展计划”资助“中国—东盟区域一体化测度指标体系研究”（CW201412）。

【作者简介】孙玉红，东北财经大学国际经贸学院副教授、博士；张春潮，东北财经大学国际经贸学院硕士研究生。

2007 年 1 月，中国和东盟在货物贸易协定的基础上，正式签署了《中国—东盟服务贸易协议》（CAFTA TIS），达成了一揽子服务市场开放承诺（第一批具体承诺）。以此为基础，2011 年双方又公布了第二批具体承诺的《议定书》。

中国—东盟自由贸易区（China-ASEAN Free Trade Area，以下简称 CAFTA）这种服务市场逐步自由化方式起源于东盟的服务贸易框架协定（AFTS），AFTS 规定了渐进式服务贸易自由化承诺方式，从 1995 年的 AFTS1 到 2012 年的 AFTS8，东盟各成员已经签署了八批具体承诺，此外，在 2012 年，东盟各方还另行签署了金融服务和航空运输服务协定。

中国—东盟FTA框架下的服务市场开放也是采取渐进型自由化的模式，通过协定条款方式予以制度化。比如，CAFTA TIS第23条专门规定了逐步自由化规则，其中包括在本协议生效之日起一年内完成第二批具体承诺的谈判，以及在随后的审议中，通过连续的谈判回合，就该部分项下的进一步具体承诺展开谈判，以实现各缔约方间的服务贸易逐步自由化。上述规定旨在将服务市场自由化的渐进性制度化，既可以保证各成员方可持续地推进自由化，又便于各缔约方国内法规依据承诺表有步骤地进行改变，避免一步到位式的突变式开放。

一　文献综述

东盟渐进式服务贸易自由化的成就，得到了一些研究的肯定。比如Hiong[①]论述了AFTS前三批承诺的部门扩展情况；Dee[②]对AFTS的前七次承诺进行了评估和回顾，研究发现尽管一些国家和部门存在着服务市场滞后开放的局面，这些承诺已经对缔约方的国内规则产生影响。

然而，一些学者对东盟的渐进式开放服务市场的效果颇有微词。Ishido和Fukunaga[③]分析了CAFTA第一批承诺的自由化水平，认为其超越GATS（General Agreement on Trade in Services）承诺的成分很有限。既然是渐进式自由化，第一批承诺水平虽比较低，但仍然具有现实意义，因为以第一批承诺为基础，将渐次推进下一轮谈判，因此重要的是分析CAFTA第二批承诺的自由化水平如何。

世界银行经济学家Hoekman[④]首次提出了承诺开放度这一概念，承诺开放度是指将承诺减让表量化，以此来度量一国服务市场的开放水平，这

① Hiong, T. T., "Towards Free Flow of Trade in Services: The ASEAN Experience", presentation at the *WTO/ESCAP Regional Workshop on Trade in Services Negotiations*, Dhaka, Bangladesh, 2004, pp. 23 - 27.

② Dee, P., "Does AFAS have Bite? Comparing Commitments with Actual Practice", mimeo a paper prepared for the ASEAN Economic Community Mid Term Review, Economic Research Institute for ASEAN and East Asia (ERIA), 2013. Available at: https://crawford.anu.edu.au/pdf/staff/phillippa_dee/2013/does-afas-have-bite.pdf.

③ Ishido, H. and Y. Fukunaga, "Liberalization of Trade in Services: Toward a Harmonized ASEAN + + FTA", *ERIA Policy Brief*, No. 2012 - 02, Jakarta: ERIA, 2012.

④ Hoekman, B., *Assessing the General Agreement on Trade in Services*, World Bank Discussion Paper, No. 307, 1995, Washington, D. C.: World Bank.

种方法被称为 Hoekman 频度分析法。Hoekman 设置了“承诺平均数”、“平均覆盖率”、“完全开放度”三项指标来衡量一国服务业的对外开放水平。

蒙英华、林艺宇[①]认为 Hoekman 频度分析法仍然有细分的可能，在原有无限制（None）、有限制（Bound）、不作承诺（Unbound）的基础上增加了“None +”及“Unbound +”。其中“None +”代表无限制承诺下的特殊情况，“Unbound +”代表不作承诺中的例外情况，将三级频度分析法优化为五级频度分析法，改变了以往将限制性开放一视同仁的做法，使得测量结果更加准确，更有利于决策分析。

封旭红、盛斌[②]在分析减让表的过程中，认为不同的限制措施的影响不同，将其划分为六类，并按照限制的强弱程度对六类措施分别赋予权重，通过统计不同限制措施下的部门数，采用“平均权重”和“权重加权”的方法计算中国的对外开放程度。

王健[③]、程涛和邓一星[④]认为一级部门下各个二级部门以及四种服务提供模式对开放水平的影响程度不同，而大部分学者在研究中忽略了这一点，进而导致测量出的开放水平与现实差距很大，因此，在赋值中需要结合各部门所在服务行业的影响力以及不同贸易模式的影响力，对不同的二级部门赋予权重。

Ishido 和 Fukunaga[⑤] 分析了 CAFTA 第一批承诺的自由化水平，认为其超越 GATS 承诺的成分很有限。而邹春萌[⑥]根据各国在服务贸易协议中的具体承诺表定量分析了东盟区域服务贸易自由化的程度，其结论是东盟区域的服务贸易自由化在理论上已经取得了明显的“GATS +”效果。蒙英华、

① 蒙英华、林艺宇：《〈中国—东盟服务贸易协议〉第二批承诺评估分析》，《亚太经济》2014 年第 3 期，第 50—56 页。

② 封旭红、盛斌：《中国服务贸易市场准入定量分析》，《天津师范大学学报》2006 年第 3 期，第 20—24 页。

③ 王健：《中国服务贸易承诺自由化指标的建立和比较研究》，《国际贸易问题》2005 年第 3 期，第 71—76 页。

④ 程涛、邓一星：《我国服务贸易适度开放问题之研究——基于承诺开放度的分析》，《国际贸易问题》2008 年第 12 期，第 78—83 页。

⑤ Ishido, H. and Y. Fukunaga, “Liberalization of Trade in Services: Toward a Harmonized ASEAN + + FTA”, *ERIA Policy Brief*, No. 2012 - 02, Jakarta: ERIA, 2012.

⑥ 邹春萌：《东盟区域服务贸易自由化程度的定量评析》，《亚太经济》2013 年第 3 期，第 38—43 页。

林艺宇[①]对《中国—东盟服务贸易协议》中各国所作的第一批具体承诺与第二批具体承诺进行了评估测度，并分析和比较了两次承诺的开放水平，结论是各国第二批承诺的开放水平远高于第一批承诺。此外，两人还发现各国的承诺开放度与服务业所占比重、服务部门比较优势之间未呈现出明显对应关系，《中国—东盟服务贸易协议》的谈判更多是基于“部门对等互惠”意义上的“讨价还价”。借鉴上述研究方法，拟对《中国—东盟服务贸易协议》中所作的第二批承诺进行测度、比较与分析。

上述情况表明，运用 Hoekman 频度分析法来测度一国服务市场开放度是国内外学者常用的方法，但不同学者赋值的精度不同。对于 CAFTA 服务自由化水平的研究目前主要是分析两个方面，一些研究分析了第一批承诺中各国的开放度，另外的研究分析了第二批承诺比第一批承诺开放水平提高的程度。这种测度方法很好地体现了中国和东盟各国的服务开放水平的渐次提高情况，但目前对于 CAFTA 第二批承诺是否高于 GATS 承诺的水平情况还没有评估。而精确评估第二批承诺高于 GATS 的程度可用于横向比较不同国别的服务市场开放度，对于区域全面经济伙伴关系（Regional Comprehensive Economic Partnership，RCEP）等国际多边服务自由化谈判具有一定参考价值，因此本研究具有一定现实价值和意义。

二　研究方法

《中国—东盟服务贸易协议》在承诺方式上沿袭了《服务贸易总协定》“正面清单”的承诺方式。这一承诺方式的特点是：一国对承诺表中没有列出的部门，不予开放，而对承诺表中列出的部门及分部门，有条件、有限度地给予开放。具体承诺减让表中的部门分类以联合国产品总分类（CPC）为基础，共包括乌拉圭回合谈判的 12 大类服务部门下 155 个具体服务分部门。鉴于本文研究的中国和东盟五国的承诺对于第 12 大类服务部门很少涉及或根本没有涉及，参考以往学者的处理方法，在此将其略去，只针对 11 个大类下的 154 个分部门进行研究和分析。这样处理有如下好处：第 12 大类的内容是前 11 大类中未曾涉及的部门，各国几乎不作承诺，

① 蒙英华、林艺宇：《〈中国—东盟服务贸易协议〉第二批承诺评估分析》，《亚太经济》2014 年第 3 期，第 50—56 页。

即使部分国家作出承诺，所承诺的内容也各不相同，因此很难将其放在统一的标准下进行比较，将其删去可以增加计算结果的精确度。考虑到各国在承诺过程中，有时会对 154 个二级部门下的三级部门做出具体承诺，因此在运用频度分析法对 154 个二级部门赋值的时候，会考虑三级部门开放数量以及开放水平的影响。[①] 本文在对各部门进行赋值时严格按照产品总分类（CPC）中的《暂定分类标准》对各二级部门一一核实，将那些部分开放的二级部门也列入受限制行列，因此本文所算出的无限制承诺数较低，进而指标 C 完全开放度与其他学者的结果相比也较低。此外，各国对承诺减让表中具体服务部门根据 4 种服务提供方式进行承诺，因此具体的承诺一共有 616 项。

频度分析法是 Hoekman[②] 在衡量一国服务贸易开放水平及其各部门服务贸易开放水平时首次提出来的。频度分析法以 WTO 各成员所提交的《服务贸易总协定》承诺减让表为基础，根据承诺对开放水平的影响程度将承诺分为“无限制”（None）、“不作承诺”（Unbound）、“有限制”（Bound）三种方式。“无限制”（None）表明该成员对于以该种方式提供的服务或该部门的服务，不会有任何市场准入或国民待遇的限制措施；“不作承诺”（Unbound）表明该成员对以该种方式提供的服务或该部门的服务不作任何开放承诺；“有限制”（Bound）介于前两者之间，表明该成员对某部门或者某种方式提供的服务存在明确的限制措施。其中“无限制”（None）承诺赋值为 1；“不作承诺”（Unbound）承诺赋值为 0；“有限制”（Bound）承诺赋值为 0.5。

Hoekman 还定义了三种说明服务贸易壁垒程度的指数：A 为承诺平均数，等于完全开放部门数与存在限制的部门数之和/一国最大承诺数，用以表示总体开放水平；B 为平均覆盖率，等于由开放因子加权的所有部门/一国最大承诺数，用以测量平均开放水平；C 为完全开放度，等于无限制承诺数/一国最大承诺数，表明该国服务市场完全开放的程度。上述三个指数均被称作 Hoekman 指数，从不同的角度度量了服务贸易承诺开放的水平。

---

① 如 CPC865 管理咨询服务部门下包括 86501、86502、80503、86504、86505、86506、86509 七个三级部门。

② Hoekman, B., *Assessing the General Agreement on Trade in Services*, World Bank Discussion Paper, No. 307, 1995, Washington, D. C.: World Bank.

Hoekman 频度分析法将“有限制”的承诺“一视同仁”，这样势必会影响测度开放水平的准确性，本文将原有的“有限制”（Bound）承诺进一步细化，新增“None +”及“Unbound +”。其中“None +”代表“无限制”下的特殊情况，在本文中对某二级部门下的三级部门的无限制承诺比例达到4/5即可视作“None +”。“Unbound +”代表“不作承诺”下的特殊情况，在本文中对某二级部门下的三级部门所作承诺比例低于或等于1/5也可视作“Unbound +”。对“None +”承诺赋值0.75，对“Unbound +”赋值0.25。在对所有承诺赋值之后运用Hoekman指标对结果进行分析比较。改进后的Hoekman指标定义如下：

指标A承诺平均数 =（没有限制的承诺数 + 有限制的承诺数）/616；

指标B平均覆盖率 =（没有限制的承诺数 ×1 + 限制较少的承诺数 ×0.75 + 有限制的承诺数 ×0.5 + 限制较多的承诺数 ×0.25 + 不作承诺的承诺数 ×0）/616；

指标C完全开放度 = 没有限制承诺数/616。

本文采用Hoekman指数进一步细化的方式，运用中国和东盟签署服务贸易协议后所公布的第二批承诺减让表，按照频度分析法赋值，具体从总体开放水平、部门开放水平两个层面进行测度，每一个层面还包括市场准入和国民待遇两个维度，以此来评估中国以及东盟五国服务市场开放水平。总结各国在承诺中的特点，以期为未来的CAFTA框架下第三批承诺和RCEP服务贸易谈判奠定基础。

三　《中国—东盟服务贸易协议》第二批承诺情况分析

（一）《中国—东盟服务贸易协议》中各国总体承诺情况分析

表1、表2显示了《中国—东盟服务贸易协议》中谈判双方在市场准入和国民待遇条件下的总体承诺情况。从表中可以看出中国与东盟五国的开放水平各不相同，但是比较明显的特征是新加坡和中国均处于领先地位。从市场准入的方面来看，中国在承诺平均数、平均覆盖率、完全开放水平三项指标上仅次于新加坡。马来西亚、泰国、菲律宾三国在协议中的开放水平与中国、新加坡差距较大，三国开放水平呈现出依次降低的态势。印度尼西亚对中国的开放水平最低，其三项Hoekman指标

均未超过10%。上述情况表明，中国在市场准入方面已经接近发达国家新加坡的开放水平，远远超过了其他发展中国家的服务市场准入水平。

从国民待遇方面看，中国在承诺平均数、平均覆盖率、完全开放度三个指标上超过了市场准入下开放水平最高的新加坡。中国在国民待遇下的开放水平有所提高，尤其是在平均覆盖率和完全开放度方面提升明显，而新加坡则不然，新加坡在国民待遇下的承诺平均数下降了约10%，在平均覆盖率方面也未有明显提高，只有在完全开放度方面有小幅增长。如此明显的差距表明中国作为发展中国家更加关注对外国服务提供者进入本国市场的限制。至于进入后外国服务提供者的待遇问题，政府对此限制较少，一些发展中国家为了招商引资甚至给予外国服务提供者更加优厚的待遇。而新加坡作为发达国家更加注重国内的就业情况，故而其在国民待遇条件下的自然人流动方面限制很多，对有些部门甚至不作承诺，进而导致新加坡在国民待遇下承诺平均数降低。国民待遇决定了外国服务提供者进入该国市场后享受到的市场环境以及所处的竞争地位，发达国家在国民待遇下对个别行业加以限制，虽然不阻止外国服务提供者进入本国市场，但对其待遇限制可以使它处于明显劣势地位，进而可以有效地保护本国发展水平较高的服务部门，也有助于发达国家在服务贸易谈判中讨价还价。马来西亚的承诺平均数与新加坡相同，但是马来西亚对中国的承诺在平均覆盖率和完全开放度两个指标上不及新加坡，而泰国、菲律宾、印度尼西亚三国开放水平与上述国家差距较大，对中国的开放水平依次降低。上述情况表明，中国在国民待遇方面已经超过了东盟五国的开放水平。

表1 **市场准入下中国与东盟五国总体承诺情况** 单位:%

Hoekman 指标 / 国别	承诺平均数 A	平均覆盖率 B	完全开放度 C
中国	56.7	33.6	17.0
新加坡	58.9	35.4	18.2
马来西亚	46.9	28.0	14.8
泰国	36.7	20.3	9.1
菲律宾	27.3	17.3	9.0

续表

Hoekman 指标 / 国别	承诺平均数 A	平均覆盖率 B	完全开放度 C
印度尼西亚	9.9	4.7	1.1

数据来源：根据各国在《中国—东盟服务贸易协议》下的第二批具体承诺表计算而得。

表 2　**国民待遇下中国与东盟五国总体承诺情况**　单位：%

Hoekman 指标 / 国别	承诺平均数 A	平均覆盖率 B	完全开放度 C
中国	56.8	39.4	28.6
新加坡	46.9	35.6	25.0
马来西亚	46.9	29.5	19.2
泰国	39.6	23.9	14.6
菲律宾	27.4	21.2	15.1
印度尼西亚	9.4	4.3	1.1

数据来源：根据各国在《中国—东盟服务贸易协议》下的第二批具体承诺表计算而得。

表 3 介绍了各国在四种服务提供模式上的承诺情况。在市场准入下，中国对境外消费模式开放水平最高，三个指标中有两个指标明显高于其他三种模式，其中承诺平均数和平均覆盖率两个指标均超过了 50%。对跨境交付的承诺总体也较为宽松，但因其中不作承诺和未列入具体承诺表的比例较高，所以其在承诺平均数指标和平均覆盖率指标上低于商业存在。部分原因在于某些服务活动的跨境交付在技术上并不可行，如建筑服务和海运清关服务等。相比之下，中国对自然人流动的限制最为严格。总体水平在四种模式中开放水平最低。在对中国的承诺中，新加坡对境外消费的开放水平最高，对自然人流动限制也最为严格。新加坡对跨境交付和商业存在的限制与中国的限制水平相当，但新加坡对商业存在的开放水平明显高于跨境交付。类似地，泰国和菲律宾对四种服务提供模式的承诺开放度由高到低依次为：境外消费、商业存在、跨境交付和自然人流动，这也许是因为跨境交付常被作为商业存在的替代方式，对其不作承诺可以吸引更多外资的流入。有别于其他国家，马来西亚和印度尼西亚对商业存在的限制比跨境交付严格。

表 3　　**市场准入下各国对四种服务贸易提供模式的承诺情况**　　单位：%

	承诺平均数 A				平均覆盖率 B				完全开放度 C			
	1	2	3	4	1	2	3	4	1	2	3	4
中国	42.9	60.4	61.7	61.7	30.5	51.8	36.7	15.6	18.8	42.2	7.1	0.0
新加坡	51.9	63.6	61.7	58.4	34.4	50.3	41.4	15.6	17.5	36.4	18.8	0.0
马来西亚	42.9	48.1	48.1	48.7	32.0	37.2	30.5	12.5	20.8	25.3	13.0	0.0
泰国	16.2	41.6	46.8	42.2	9.9	30.5	29.5	11.4	3.2	18.8	14.3	0.0
菲律宾	17.5	33.8	33.8	24.0	10.4	26.9	19.2	12.2	3.2	20.1	5.2	7.1
印度尼西亚	7.8	11.0	10.4	10.4	4.7	6.8	4.5	2.6	1.9	2.6	0.0	0.0

数据来源：根据各国在《中国—东盟服务贸易协议》下的第二批具体承诺表计算而得。

注：1：跨境交付，2：境外消费，3：商业存在，4：自然人流动。

在国民待遇下，商业存在和自然人流动仍然是各国限制的重点，尤其是对自然人流动的限制最为严格。对自然人流动的规定除水平承诺外，通常还有对有关跨国服务提供者资格的规定以及自然人在进入东道国后受到的其他限制，如限制自然人在国内各地域之间和不同服务部门之间的流动等。与市场准入原则相似，中国对境外消费模式开放水平最高，虽然自然人流动的承诺平均数较大，但是中国对自然人流动限制严格，其承诺多是基于水平承诺做出的。在国民待遇下，中国对商业存在的开放水平明显高于跨境交付，对自然人流动的限制仍然严格，自然人流动在四种模式中开放水平最低。在国民待遇下，新加坡对境外消费承诺的开放度仍然最高，而对自然人流动限制最为严格；但是新加坡对商业存在的开放水平明显高于跨境交付，值得一提的是，新加坡在国民待遇下对大部分部门的自然人流动不作承诺，开放水平远远低于市场准入。类似地，马来西亚、泰国、菲律宾三国对四种服务提供模式的承诺开放度由高到低依次为：境外消费、商业存在、跨境交付和自然人流动。与市场准入相似，在国民待遇下印度尼西亚对商业存在的限制仍然要比跨境交付高很多（见表4）。

表 4　　国民待遇下各国对四种服务贸易提供模式的承诺情况　　单位:%

	承诺平均数 A				平均覆盖率 B				完全开放度 C			
	1	2	3	4	1	2	3	4	1	2	3	4
中国	48.7	60.4	56.5	61.7	43.0	52.4	45.6	16.7	37.7	43.5	33.1	0.0
新加坡	53.2	63.6	61.0	9.7	41.4	51.0	47.7	2.4	29.2	37.7	33.1	0.0
马来西亚	42.2	48.1	49.4	48.1	33.9	38.5	37.0	12.3	24.7	27.9	24.0	0.0
泰国	19.5	46.8	46.8	42.2	13.8	36.4	34.6	10.7	9.1	26.6	22.7	0.0
菲律宾	23.4	32.5	33.8	20.1	18.7	26.9	25.0	14.3	14.3	21.4	16.2	8.4
印度尼西亚	7.8	8.4	10.4	11.0	4.7	5.0	4.5	2.8	1.9	1.9	0.6	0.0

数据来源：根据各国在《中国—东盟服务贸易协议》下的第二批具体承诺表计算而得。

注：1：跨境交付，2：境外消费，3：商业存在，4：自然人流动。

（二）《中国—东盟服务贸易协议》中分部门下各国承诺情况分析

1. 市场准入原则下各国分服务部门的承诺开放度分析

表 5 显示了中国和东盟五国对彼此在市场准入下分服务部门的承诺情况。从表中可以看出各国并不是对每一个服务部门都一视同仁的，各个部门开放水平的高低不仅仅取决于谈判各方的努力，也取决于该部门在本国的发展状况。

表 5　　市场准入原则下各国分服务部门承诺情况　　单位:%

	指标	商务	通信	建筑	分销	教育	环境	金融	健康	旅游	娱乐	运输
中国	A	66.8	70.8	75.0	90.0	75.0	81.3	66.2	0.0	50.0	20.0	28.6
	B	43.2	38.3	41.3	38.8	30.3	37.8	37.1	0.0	37.5	8.8	13.4
	C	24.5	14.6	20.0	30.0	10.0	50.0	19.1	0.0	25.0	0.0	6.4
新加坡	A	72.3	64.6	100.0	80.0	30.0	37.5	82.4	37.5	75.0	40.0	28.6
	B	44.3	38.5	81.3	45.0	22.5	21.9	46.3	18.8	54.7	30.0	13.0
	C	22.8	20.8	75.0	20.0	15.0	12.5	22.1	0.0	37.5	15.0	1.4

续表

	指标	商务	通信	建筑	分销	教育	环境	金融	健康	旅游	娱乐	运输
马来西亚	A	56.0	66.7	75.0	0.0	40.0	0.0	83.8	25.0	75.0	30.0	14.3
	B	33.6	52.6	41.3	0.0	15.0	0.0	41.2	10.9	51.6	12.5	6.3
	C	17.4	46.9	20.0	0.0	0.0	0.0	5.9	0.0	37.5	0.0	0.0
泰国	A	34.2	34.4	75.0	10.0	60.0	81.3	52.9	0.0	68.8	15.0	27.1
	B	21.3	17.4	56.3	10.0	35.0	59.4	22.4	0.0	26.6	6.3	13.4
	C	12.5	1.0	50.0	10.0	20.0	50.0	1.5	0.0	6.3	0.0	4.3
菲律宾	A	7.1	25.0	40.0	20.0	0.0	12.5	88.2	0.0	75.0	0.0	32.1
	B	5.3	17.2	15.0	10.0	0.0	9.4	45.2	0.0	45.3	0.0	25.0
	C	3.8	10.4	0.0	0.0	0.0	6.3	13.2	0.0	12.5	0.0	18.6
印度尼西亚	A	8.2	0.0	60.0	0.0	0.0	0.0	5.9	0.0	68.8	0.0	13.6
	B	3.7	0.0	28.8	0.0	0.0	0.0	1.5	0.0	37.5	0.0	6.6
	C	1.1	0.0	5.0	0.0	0.0	0.0	0.0	0.0	12.5	0.0	1.4

数据来源：根据各国在《中国—东盟服务贸易协议》下的第二批具体承诺表计算而得。

注：指标 A 为承诺平均数、指标 B 为平均覆盖率、指标 C 为完全开放度。

从国家的纵向对比来看，在市场准入下，中国在分销、环境部门对东盟开放程度最高，随后是建筑和教育两个部门。商务、旅游、通信和金融四个部门的平均覆盖率紧随前述的四个部门之后，开放水平依次降低。运输和娱乐部门的三项指标远低于上述部门，是开放水平最低的两个部门。此外，中国对健康部门不作承诺。上述分析可知，中国对运输、娱乐、健康部门的保护程度最高。

在中国—东盟自由贸易协议中，新加坡对中国的开放水平较其他国家高，没有不作承诺的部门。新加坡对建筑部门承诺最多，旅游和金融部门次之。除上述部门外，分销、商务部门的开放水平较高，分销部门的承诺范围较广，但是其承诺深度不够。通信、健康、娱乐三部门开放水平与上述部门差距明显，是新加坡限制较多的部门。教育、环境、运输三部门在所有部门中开放水平较低，其中健康部门完全开放度为 0，开放水平最低。

在对中国的承诺中，马来西亚开放水平较高，在东盟五国中开放水平仅次于新加坡，但马来西亚对分销和环境部门未作承诺。与新加坡不同，马来西亚对通信、旅游部门的开放水平较高。金融、建筑部门的开放水平紧随其后，金融部门的承诺平均数甚至超过了旅游部门，但是开放深度和平均覆盖率较低。随后的商务、健康、娱乐三部门中商务部门的市场开放水平最高，其承诺平均数、平均覆盖率、完全开放度均高于健康、娱乐两部门。在作出承诺的部门中，运输部门开放水平最低。

泰国对中国的开放水平与马来西亚较为接近。泰国的环境部门在承诺平均数、平均覆盖率、完全开放水平三项指标上高于其他部门，开放水平最高。建筑部门的各项指标紧随环境部门，开放水平排第二位。教育、旅游、金融三部门的开放水平与上述部门较为接近，但存在一定差距。商务、通信、运输三部门开放水平较低，其中通信部门的承诺平均数较高，但其平均覆盖率、完全开放度落后于商务部门，而运输部门各项指标均较低。除去不作承诺的健康部门，泰国对分销、娱乐部门的限制最多，开放水平最低。

总体来看，菲律宾对中国的开放水平较低，对教育、健康、娱乐三部门未作承诺。菲律宾对金融、旅游部门的开放水平最高，金融部门的承诺范围较广，而旅游部门的平均覆盖率、完全开放度较高。建筑、运输、通信、分销四部门开放水平与上述部门差距较大，总体开放水平较低，其中建筑部门的承诺平均数较大，超过了其他部门，运输部门的平均覆盖率、完全开放度较高，通信、分销两部门三项指标偏低。除去不作承诺的部门，菲律宾对环境、商务两部门限制较多，对商务部门的开放水平最低。

东盟五国中印度尼西亚对中国的开放水平最低，对通信、分销、教育、环境、健康、娱乐六部门均未作承诺，是承诺部门数量最少的国家。印度尼西亚对旅游部门的开放水平最高，建筑部门开放水平紧随其后。运输部门开放水平与以上部门相比差距较大，但和其他东盟国家在开放水平上差距不是很大。除去不作承诺的六个部门，印度尼西亚对商务①、金融两部门限制最多。

《中国—东盟服务贸易协议》第二批承诺与第一批承诺相比开放水平大幅度提高。就中国、东盟五国对商务部门的开放水平而言，中国和新加坡做出的承诺较多，其中中国的平均覆盖率、完全开放度较高，新加坡的承诺范围最广。马来西亚开放水平与中、新两国差距不大，泰国、菲律

① 将能源部门下的同位素分析、地震数据收集、煤的汽化和液化三项活动根据 CPC 分类划分到商务部门下的技术测试与分析、相关的科学与技术咨询服务、与采矿业相关的服务三个部门中。

宾、印度尼西亚三国对商务部门开放水平较低，其中印度尼西亚开放水平最低。

在对通信部门的承诺中，马、中、新三国开放水平较高，其中中国的承诺平均数最高，平均覆盖率、完全开放度却低于马来西亚和新加坡。泰国、菲律宾、印度尼西亚三国开放水平较低，其中印度尼西亚对通信部门不作承诺。

针对建筑部门，各国开放水平均较高，其中新加坡开放水平最高，而菲律宾对该部门限制较多，开放水平最低。各国对分销部门承诺不一，中国、新加坡两国开放水平较高，中、新两国承诺平均数达到了 80%。菲律宾对分销部门开放水平很低，完全开放度为 0，马来西亚和印度尼西亚对分销部门不作承诺。针对教育部门，中国和泰国承诺较多，而菲律宾与印度尼西亚则不作承诺。对于环境部门，中国和泰国开放水平最高，两国的三项指标明显高于其他国家，马来西亚、印度尼西亚对该部门不作承诺。关于金融部门，新加坡、马来西亚、菲律宾三国开放水平明显高于中国，而泰国、印度尼西亚开放水平很低，印度尼西亚完全开放度甚至为 0。六国对健康部门承诺较少，除新加坡、马来西亚两国做出较低水平承诺外，其他国家不作承诺。而对于旅游部门东盟五国明显开放水平较高，承诺平均数均高于中国。新加坡、马来西亚对娱乐部门的开放水平高于中国，其他三国开放水平较低甚至不作承诺。针对运输部门，菲律宾、中国开放水平较高，且菲律宾平均覆盖率高于中国，其他四国开放水平均很低。

2. 国民待遇原则下各国分服务部门的承诺开放度分析

表 6 显示了各国在国民待遇下分服务部门的承诺情况。纵向来看，中国在国民待遇下对东盟的承诺中，对环境、分销部门的开放程度最高，其中环境部门的开放水平较高，承诺平均数指标达到了 100%。金融、建筑、通信、商务四部门的开放度略低于环境、分销部门，四部门开放水平呈递减趋势。旅游、教育两部门的开放水平紧随上述的四个部门，其中教育部门的开放水平较市场准入下降低了许多，原因是中国在国民待遇下对教育部门的商业存在模式不作承诺。与市场准入情况下相似，除了不作承诺的健康部门外，运输和娱乐依旧是开放水平最低的两个部门。

与市场准入相似，国民待遇下新加坡的建筑部门仍然是所有部门中市场开放水平最高的部门。而旅游和金融部门也仍然是开放水平排名第二、

第三的部门，除上述部门外，商务、分销部门的开放水平较高，商务部门的承诺平均数低于分销部门，但是其平均覆盖率和完全开放度高于分销部门，因此商务部门开放水平高于分销部门。通信、娱乐、健康三部门中通信部门的市场开放水平最高。在其后的娱乐和健康两部门中，娱乐部门的市场开放水平较高。与市场准入一致，教育、环境、运输三部门在所有部门中开放水平较低，其中运输部门开放水平最低。

国民待遇下，马来西亚对中国在旅游、建筑、金融三部门开放水平较高，其中旅游部门的平均覆盖率和完全开放度在所有部门中最高。随后是通信、娱乐、商务三部门，其中通信部门的开放水平最高，其平均覆盖率、完全开放度均高于娱乐、商务两部门。健康、教育两部门开放水平偏低，与上述部门开放水平差距明显。在作出承诺的部门中，运输部门开放水平最低，平均覆盖率不及10%。

与市场准入相似，泰国对中国在建筑、环境两部门的开放水平最高，两个部门的承诺平均数、平均覆盖率、完全开放度均超过了50%，环境部门在承诺平均数和平均覆盖率上均超过建筑部门。金融、旅游、教育三部门的开放水平紧接上述部门，开放水平依次降低。商务、通信、运输三部门中商务部门的市场开放水平较高，与商务和通信部门相比，运输部门各项指标均落后。除去不作承诺的健康部门，分销和娱乐部门的开放水平最低。

表6　**国民待遇原则下各国分服务部门承诺情况**　单位:%

	指标	商务	通信	建筑	分销	教育	环境	金融	健康	旅游	娱乐	运输
中国	A	65.8	70.8	75.0	90.0	50.0	100.0	76.5	0.0	50.0	20.0	27.1
	B	48.1	51.3	51.3	60.0	30.0	81.3	50.0	0.0	37.5	8.8	15.9
	C	37.5	40.6	40.0	30.0	10.0	75.0	33.8	0.0	31.3	0.0	8.6
新加坡	A	55.4	56.3	75.0	60.0	30.0	25.0	63.2	43.8	75.0	45.0	20.0
	B	40.5	48.4	75.0	40.0	26.3	18.8	50.7	34.4	51.6	37.5	10.7
	C	25.5	43.8	75.0	20.0	15.0	12.5	39.7	25.0	37.5	30.0	1.4
马来西亚	A	54.9	65.6	75.0	0.0	40.0	0.0	85.3	25.0	75.0	40.0	14.3
	B	33.4	53.1	41.3	0.0	17.5	0.0	56.3	10.9	62.5	22.5	6.3
	C	17.9	49.0	20.0	0.0	0.0	0.0	33.8	0.0	56.3	10.0	0.0

续表

	指标	商务	通信	建筑	分销	教育	环境	金融	健康	旅游	娱乐	运输
泰国	A	33.7	34.4	75.0	10.0	55.0	81.3	75.0	0.0	68.8	15.0	27.1
	B	20.4	20.1	56.3	10.0	32.5	59.4	51.5	0.0	31.3	6.3	14.1
	C	12.0	10.4	50.0	10.0	20.0	50.0	36.8	0.0	12.5	0.0	5.0
菲律宾	A	6.5	34.4	45.0	20.0	0.0	12.5	75.0	0.0	75.0	0.0	32.1
	B	6.0	25.0	18.8	16.3	0.0	12.5	60.3	0.0	48.4	0.0	26.4
	C	5.4	16.7	0.0	5.0	0.0	12.5	45.6	0.0	18.8	0.0	20.7
印度尼西亚	A	8.7	0.0	40.0	0.0	0.0	0.0	5.9	0.0	68.8	0.0	13.6
	B	3.8	0.0	15.0	0.0	0.0	0.0	1.5	0.0	35.9	0.0	6.8
	C	1.1	0.0	0.0	0.0	0.0	0.0	0.0	0.0	12.5	0.0	2.1

数据来源：根据各国在《中国—东盟服务贸易协议》下的第二批具体承诺表计算而得。

注：指标 A 为承诺平均数、指标 B 为平均覆盖率、指标 C 为完全开放度。

与市场准入下的情况相似，国民待遇下菲律宾对中国在金融、旅游两部门的开放水平最高，其中金融部门的承诺范围较广，完全开放度较高。运输、通信、分销三部门开放水平逐步降低，与市场准入下不同，国民待遇下菲律宾对建筑部门限制较多，主要原因是该部门的部分行业跨境交付在技术上不可行，进而不作承诺。除去不作承诺的教育、娱乐、健康三部门，环境、商务两部门限制较多，其中商务部门的开放水平最低。

与市场准入情况一致，印度尼西亚对中国承诺意愿最低，11 个部门中仅开放了 5 个部门，而且限制较多。5 个作出承诺的部门中，旅游部门的承诺平均数、平均覆盖率、完全开放度较高。建筑部门开放水平紧随其后。运输、商务、金融三部门开放水平与以上部门相比差距较大。其中运输部门开放水平较高，而商务、金融两部门限制最多，市场开放水平最低。

China-ASEAN FTA Service Trade Liberalization Level Gauge

Sun Yuhong, Zhang Chunchao

Abstract To assess the opening level of the service market of China and ASEAN countries under the CAFTA framework, the paper uses the further refining Hoekman index assigned by the modified frequency analysis method to get the result. The specific measures of assessment include two levels: the overall level and the sectors' level. Each level includes four kinds of service modes and the two dimensions of market access and national treatment committed by Chinese and ASEAN countries on the second batch commitment schedule of the trade agreement in service. Through evaluation, we found the characteristics of China and the ASEAN countries in the commitment and the order of opening level, which could establish a basis for future service trade negotiations of the third batch of CAFTA framework and RCEP.

Key Words CAFTA; Service Trade Liberalization; the Second Batch of Commitment; National Treatment; Market Access

Authors Sun Yuhong, Ph. D, Associate Professor of College of International Economics & Trade, Dongbei University of Finance and Economics; Zhang Chunchao, Postgraduate for master's Degree, College of International Economics & Trade, Dongbei University of Finance and Economics.

中国—东盟投资协定中的资本转移条款研究

罗传钰

【摘要】随着"一带一路"倡议的推进，中国企业在海外，尤其是在东南亚地区面临大量投资机会，然而投资过程中不可避免地会遭受到东道国的资本管控问题，由此所产生的风险将使其海外投资收益出现无法自由转移的困境。因此，需要分析资本转移所带来的风险及其类型，并结合中国与东盟此前缔结的各类投资协定，比较其中资本转移条款的共性与个性，从而把握好资本转移条款的作用与价值，以在中国企业的海外投资过程中寻求更好的保护。

【关键词】资本转移　投资协定　资本安全

【基金项目】教育部人文社会科学研究青年基金项目"FTA 投资规则中的资本转移条款研究"（13YJC820059）。

【作者简介】罗传钰，广西大学中国—东盟研究院院长助理，法律研究所副所长，副教授，法学博士。

20 世纪 80 年代以来，大多数发达国家在鼓励本国投资者赴海外投资的同时，纷纷提倡完全和绝对的国际资本流动自由化，反对发展中国家对资本的控制。发达国家控制下的国际或区域金融机构如世界银行、国际货币基金组织（IMF）和经济合作与发展组织（OECD）等，也在国际社会以经济科学最新发展的名义来推销同一套措施。

然而，近年来在世界各国频发的金融危机，因国际资本流动日益频繁，使得发展中国家和发达国家都无法抵御严重的国际收支平衡危机。虽然资本管控措施并不是解决危机的最优途径，但是，当一国因为大量资金流出而面临突然且严重的外汇储备减损时，该国无法排除暂时实行外汇管制的可能性。与东道国的做法相矛盾的是，从一个外国投资者的角度来看，只有东道国允许支付、兑换或汇出，投资者的利益才能得到真实有效的保护。因此，资本安全与转移风险防范成为投资者所关注的重点问题。

一 国际投资法理论中资本转移的风险及其类型

（一）东道国谨慎对待资本“转入”

资本转移的方式，主要指的是资本转移究竟包括“转出和转入”还是只涉及“转出”的问题。所谓“转出”，是指东道国允许外国投资者汇回其与投资有关资本的义务，具体包括保证投资者正常经营过程中发生的自由转出，以及保证东道国基于其他投资保护义务而向投资者做出的赔偿自由转出。所谓“转入”，则是指对于外国投资者为新设、发展或维持现有投资目的所需的款项，东道国应保证其自由转入的义务。

诚然，资本自由转出和转入是吸引外国投资者的重要筹码。一般而言，资本的自由转移，理应既包括“转出”又包括“转入”。但是，外国直接投资资本的自由流动，会给东道国的经济带来重大影响。在浮动汇率制度下资本流入通过名义汇率升值和经常项目逆差加以吸收，东道国国内的物价水平可以保持稳定甚至下降。在固定汇率制度下，东道国货币当局为维持汇率稳定而进行外汇干预将导致外汇储备增长和货币供给增加，这将降低国内利率水平、推高国内资产价格，促使房地产价格和股价虚涨，从而导致经济过热，对东道国的银行业、证券业造成冲击，也对东道国的经济政策产生重大影响，给汇率带来更大的升值压力。一旦外国投资者将转入的资本抽离或回流，就极有可能导致资金中断，从而使这些东道国经济陷入衰退。

因此，东道国对于资本的“转入”多持谨慎态度，允许“转出”而限制“转入”，这会给投资者带来一定的风险。

（二）东道国严格限制币种

在国际投资中，资本流动的最主要形式是货币。鉴于资本转移义务内容的多样性，东道国既要求减少对投资者接受或汇回投资所得的限制，也要求不能限制投资者在汇回前兑换货币（convert the currency）。因此，可转移货币的可兑换性是资本自由转移的基本要求。而在转移过程中，投资者所担心的则是币种问题。

所谓币种问题是指资本应当以哪种货币进行转移。一般而言，转移应以“可自由兑换的货币”（freely convertible currency）或“可自由使用的货币”（freely usable currency）进行。但是，如何界定“可自由兑换的货币”，换句话说哪种货币可被自由使用，并未达成共识。根据《国际货币基金协定》的规定，“可自由使用的货币”是指被广泛用于国际交易的支付并在外汇市场上交易的货币。[①] 而 IMF 行政董事会此前确定的“可自由使用的货币”仅为美元、日元、英镑和欧元。[②]

虽然人民币已经于近日正式被 IMF 纳入特别提款权货币篮子，但是人民币仍未在全球贸易活动中获得广泛的认同和使用，因此对于中国投资者而言，使用人民币作为“可自由兑换的货币”仍有难度，而使用美元、日元等其他货币亦存在一定的风险。

（三）东道国汇率机制不完备

关于转移过程中以何种汇率进行，即以官方汇率还是市场汇率为准的问题，各国做法也存在差异。一般而言，官方汇率是由国家机构（如财政部、央行或外汇管理局）公布，因而更容易成为东道国实行外汇管制的方式，借此东道国可以调节进出口贸易量，限制资本的流入或流出，从而改善国际收支状况。当东道国金融市场不成熟，外汇管理机制不完善的时候会更倾向于采取这种方式。随着金融市场的逐步发展成熟，东道国将会逐步改进外汇管理机制，由官方汇率逐步过渡为市场汇率。相对于固定汇率而言，市场汇率是指在自由外汇市场上买卖外汇的实际汇率，它更强调市场的调控能力，对于外国投资者而言，这种汇率形式能够避免一定的汇率风险，减少在汇率转换过程中的减损，因而更受青睐。

目前，中国与东盟间在汇率机制上存在一定的缺陷。一方面，对于到

---

① See Agreement of the International Monetary Fund Article XXX（f）.

② Review of the Special Drawing Right（SDR）Currency Basket，http：//www. imf. org/external/np/exr/facts/sdrcb. htm.

东盟成员国的中国投资者而言，投资时遇到的汇率限制风险非常大。由于缺乏强制性的法律法规对跨境投资、贸易结算进行约束，人民币在东盟区域内面临可自由兑换、流通使用、汇率协调机制和贸易结算计价四个方面的法律障碍。

另一方面，对于投资到中国的东盟成员国投资者而言，我国资本项目开放程度与汇率弹性不相符。中国近期资本项目开放的努力，比如沪港通，人民币贸易结算，中国合格的境外机构投资者（Qualified Foreign Institutional Investors，QFII）、人民币合格境外投资者（RMB Qualified Foreign Institutional Investors，RQFII）额度的扩大，中国债券市场引进国际投资者，建立人民币离岸市场等，体现了人民币区域化的支持和推进。而要确保金融安全与稳定，资本项目开放程度必须与汇率的弹性相匹配。但是，目前中国汇率的波动率很低，甚至远低于一些东盟成员国。在资本项目日益开放、资本管制效率早已大幅下降的背景下，继续维持汇率不贬值的风险非常大，如果资本项目开放速度过快，但汇率却不够灵活，就会出现问题。

（四）东道国的资本管控风险

一直以来，全球经济都受益于国际投资流动增长所带来的全球资本流动。但是，对政府而言，国际投资的扩张带来了新的挑战，特别是某些资本流动的波动会产生很多问题。大规模的资本流出会加剧一国的收支平衡危机，并使政府增加了政策调整的难度；大规模的资本流入，特别是短期的资本流入则会使政府管理手段复杂化。

当一国减少对投资的限制措施时，政府就会遇到上述问题，而对资本转移的限制程度更是对解决问题起到非常关键的作用。首先，限制的潜在风险之一，就是一国会将这种限制措施视为政策调整的替代品，在日后外部环境改变时也会经常采用这种限制措施；其次，一国受益于国际资本市场通道的限制措施，会在日后破坏这种通道，或者至少会使其成本更高，而且，这还会带来一种风险，即对其他新兴市场国家产生蔓延效应（contagion effects）并加剧危机；最后，当一国经济已经习惯于资本自由流动，资本市场也已经发展得相对较完善时，限制措施会因其复杂的金融工程技术而削弱该国经济的效率。

当前新自由主义已经颇受批判，全球行政法理念兴起，卡尔沃主义回归，这些均说明国家治理形式已经开始从强调市场调节转型为国家管制，要求国家对资本转移进行适当管制，这方面发达国家与发展中国家有着共同利益。在这种情况下，可以灵活运用条约解释规则修订原先国家之“共同动机”，使之适应当前国际社会整体的管制环境，即东道国在满足一定条件下可以采取必要的管制措施，限制甚至禁止外国资本的自由转移。

二　资本转移条款在中国—东盟投资协定中的发展

（一）东南亚地区资本转移问题的演变

第二次世界大战后，东南亚国家摆脱了殖民统治，经过民主化改革后赢得了一定程度的社会稳定期，从而为经济发展打下了良好的基础。而且，一些国家，如马来西亚、新加坡、泰国、印度尼西亚等国，在实行市场经济体制的同时，非常重视国家的调控作用，它们的一些基本政策，如允许和鼓励私人资本的发展，实行对外开放，积极吸引外资等，为其赢得外国投资者投资提供了有利的条件。

在资本管控方面，这些东南亚国家也强调资本流动的自由化，与发达国家签署投资协定时，虽对资本转移条款进行了明确规定，但出发点是约束东道国对外国投资者自由“转出”资本的限制，这也推动了美国为首的发达国家对东南亚国家的投资日益增多。为此，以美国为主要出口市场的东盟国家在汇率上向美元看齐，多采取了固定汇率制。诚然，面对美国国内当时巨大的购买需求和投资需求，美元联动制为东盟国家吸引了大量外资，也扩大了其产品的出口规模，推动了其经济的飞速发展。但是，进入20世纪90年代后，东南亚出口低迷导致多国经常项目收支失衡，使得东南亚国家只能加快资本流动自由化，大量短期资本借此流入，在东道国国内的金融市场出现了泡沫现象，随着泡沫的崩溃，外资又流往国外。如此情况下，依赖美元的东南亚各国纷纷采取浮动汇率制。货币危机转眼间在多国爆发。

1997年的亚洲金融危机中，与其他东南亚国家按照IMF要求继续资本自由流动的做法不同，马来西亚实施资本管制和固定汇率制度这两项措施，却在一定程度上止住了处于崩溃边缘的经济继续下行。这种处理方式使得发展中国家尤其是东南亚地区的国家开始意识到，国际社会指示的政策和“休克疗法”并不总是明智的，更表明额外的外汇储备积累具有必要性，国家可以通过适当的资本管制来应付资本外逃所带来的冲击。

然而，东南亚国家同样需要借助外资来恢复经济，此后事实上仍然恢复了美元联动制，但是前车之鉴使得东南亚国家与外国签署双边投资协定（Bilateral Investment Treaties，BITs）时在鼓励外国投资者的同时，也开始强调自身对资本的管控权利，它们为此采取了更为严格的外汇管控措施。

（二）中国—东盟投资协定中的资本转移条款概况

从1985年中泰BIT开始到2002年中缅BIT，中国已与东盟十国签署了BIT，而且除了中文（莱）BIT未生效外，其他九个BITs均已生效至今。2008年，《中华人民共和国政府与东南亚国家联盟成员国政府全面经济合作框架协议投资协议》（简称《中国—东盟投资协议》）也开始生效。在这些协定中，资本转移条款毫无例外地也成为核心条款之一。

从《中国—东盟投资协议》与BITs的关系看，《中国—东盟投资协议》使得中国与东盟各国之间的国际投资法律环境更加复杂。根据《中国—东盟投资协议》第18条第1款规定：“若任何一方在协议实施之时或此之后的法律或缔约方之间的国际义务使得另一方投资者的投资所获地位优于本协议下所获地位，则此优惠地位不应受本协议影响。”① 因此，除中国与文莱之间的跨境投资完全由《中国—东盟投资协议》调整外，中国与其他东盟九国之间的跨境投资同时受《中国—东盟投资协议》和中国与该国缔结的BIT共同调整。为此，有学者认为，“中国与东盟国家之间的BITs本来就存在保护水平参差不齐的弊端，新签订的《中国—东盟投资协议》虽然在中国—东盟自由贸易区（China-ASEAN Free Trade Area，简称CAFTA）范围内首次创建了统一的国际投资保护规则，并开始注意平衡投资者收益与东道国主权之间的关系，其意义殊值肯定，但其不仅保护水平

---

① 《中华人民共和国政府与东南亚国家联盟成员国政府全面经济合作框架协议投资协议》第18条第1款，http：//fta. mofcom. gov. cn/inforimages/200908/20090817112737736. pdf。

不高，而且还使得中国与东盟各国之间的国际投资法律环境更加复杂化，从而不利于促进中国与东盟国家之间的国际直接投资流动”。①

三　中国—东盟投资协定中的资本转移条款分析

作为国际直接投资流动的结果，资本转移条款对于中国及东盟各国的投资者而言，有着非常重要的意义。围绕着该条款的核心内容，笔者试图展开一定的分析。②

（一）资本转移方式的风险

在投资协定中，资本“转移”一词的英文表述不尽相同，有“Transfer”和“Repatriation”两种表述方式。如前所述，该命名反映了资本的转移是包括“转出”与“转入”，还是仅限于“转出”。

在中国与东盟各国 BITs 中，半数采用“Transfer”来表述转移方式，另外一半则采用“Repatriation”。笔者认为，应据此对资本转移方式做不同的解释。若采用“Repatriation”来表述，表明缔约双方仅同意资本的“转出”，而并未同意资本的“转入”，那么对资本转移的理解应当做缩小化的解释，即资本转移仅为“转出”之意。

若采用“Transfer”来表述，那么就应当按照《维也纳条约法公约》第 31 条第 1 款的规定，“条约应依其用语案上下文并参照条约之目的及宗旨所具有之通常意义，善意解释之”。具体而言，若条款中的转移对象清单已经出现了只能适用“转入”的项目，如“用于维持及扩大投资的追加资本款额（additional capital amounts used to maintain and increase investments)”，那么，该条款中的“转移”则可视为既包括“转出”又包括“转入”之意。此外，虽然转移方式以“Repatriation”命名，但其清单中

① 魏艳茹：《中国—东盟框架下国际投资法律环境的比较研究——以〈中国—东盟投资协议〉的签订与生效为背景》，《广西大学学报》（哲学社会科学版）2011 年第 1 期，第 76 页。

② 鉴于中国与东盟各国间同时受《中国—东盟投资协议》和中国与该国缔结的 BITs 共同调整，本文在论述时并未做明确区分。若未特别指出，所述的投资协定均包括 BITs 与《中国—东盟投资协议》。

亦出现了只能适用“转入”的项目，如中印尼 BIT（1995. 4. 1.）第 7 条规定，可用于转移的投资所得包括了“资本和用于维持及扩大投资的追加资本款额”，但是该条款的标题却是“Repatriation”，那么，依然应当依照《维也纳条约法公约》第 31 条第 1 款解释，将其认定为既允许资本“转出”，又允许资本“转入”。因此中国—印度尼西亚 BIT 也成为中国与东盟各国 BITs 中唯一一个规定了“转入”的 BIT。

在东盟六国（印度尼西亚、马来西亚、菲律宾、新加坡、泰国和文莱）签订的《东盟国家投资促进与保护协议》（1987. 12. 15.）中，也与前述 BITs 一样，明确规定投资与收益仅限于“Repatriation”（转出）。而到了 1998 年，东盟九国（除柬埔寨外）所签订的《东盟投资区域框架协议》（Agreement on Investment of the Framework Agreement on Economic Cooperation）则规定，资本转移的清单包括了“用于维持及扩大投资的追加资本款额（plus any additional capital used to maintain or expand the investments）”，这才表明东盟已经就资本“转入”问题达成了初步的共识，允许各国投资者资本自由地“转入”。而《中国—东盟投资协议》则将该问题做了更为明确的解释，该协议第 10 条中，既规定了“转出”，如“其他方投资者在该缔约方境内的投资的所有转移”，又规定了“转入”，即转移的项目包括“初始投资，及任何用于保持或扩大投资的追加资本”。

（二）资本转移的内容

哪些与投资有关的资本项目可以转移，是资本转移条款的主要内容。因此，中国与东盟各国签订的协定都力求尽可能对该问题作出完善的规定，通常采取定义加列举的形式对其加以规制。

一方面，大多数协定指出可以转移的资本包括“投资及其收益”，并在协定的“定义”部分做了明确界定。“‘投资’是指一方投资者根据另一缔约方相关法律、法规和政策，在后者境内投入的各种资产，包括但不限于：1. 动产、不动产及抵押、留置、质押等其他财产权利；2. 股份、股票、法人债券及此类法人财产的利息；3. 知识产权，包括关于版权、专利权和实用模型、工业设计、商标和服务商标、地理标识、集成电路设计、商名、贸易秘密、工艺流程、专有技术及商誉等权利；4. 法律或依合同授予的商业特许经营权，包括自然资源的勘探、培育、开采或开发的特许权；5. 金钱请求权或任何具有财务价值行为的给付请求权。”[①]而“‘收益’一词系指投资所产生的款项，特别包括但不限于利润、利息、资本利得、股息、提成费或酬金”。[②]

另一方面，协定还对可以转移的资本项目做了较为详细的规定，并将可以转移的资本项目分成两类：一类是外国投资者正常经营过程中发生的与投资有关的资本；另一类则是缔约方基于其他投资保护义务而向投资者做出的赔偿。常见的资本项目清单包括：“（1）利润、资本利得、分红、提成费、利息和从投资中所得的其它经常性收入；（2）投资的部分或全部清算款项；（3）根据与投资有关的贷款协议的偿还款；（4）许可证费；（5）有关技术援助、技术服务或管理费用的支付；（6）有关承包项目合同的支付款；（7）外籍雇员的收入或其它所得；（8）东道国对投资的征收所做的赔偿的支付；（9）投资者由于战乱或民间纷争遭受损失而获得的赔偿的支付；（10）因争议解决而产生的支付等。”[③]

可以说，这些协定主张“投资”是以资产为基础的投资，这里的投资涵盖各种资产，不仅包括外国投资者带到东道国的资产，也包括投资者在当地通过投资、经营等活动所获得的资产。这种宽泛的投资定义在国际投资协定中涉及对被允许建立的外国投资者保护时特别普遍。通过国际投资协定中的实体义务，对投资者给予高水平的保护。而在投资协定中对可转移的资本项目列出清单，对外国投资者和东道国都有着重要的意义，而且，《中国—东盟投资协议》还对投资收益问题做了更为明确的规定，指出“投资收益应被认作投资，投入或再投入资产发生任何形式上的变化，不影响其作为投资的性质”[④]，这些都可以尽可能少地在事前避免争议，在纠纷发生后也能有明确的法律依据来保护自身权益。

（三）资本转移的可兑换性要求

1. 币种问题

对于外国投资者所关注的资本转移币种问题，却鲜见于诸协定中，仅

① 《中华人民共和国政府与东南亚国家联盟成员国政府全面经济合作框架协议投资协议》第1条第4款，http：//fta. mofcom. gov. cn/inforimages/200908/20090817112737736. pdf。

② 同上。

③ 同上。

④ 同上。

有中马 BIT 做了明确定义。在该 BIT 的“定义部分”提到，“‘自由兑换货币’一词，系指任何广泛使用于国际交易支付的货币，并且该货币在主要市场上随时有买主”。但是，该 BIT 亦未对“可自由兑换的货币”进行列举。

近几年，东南亚各国政局稳定，东盟一体化进程也在加快，东南亚地区已成为国际社会公认的未来投资首选目的地，币种问题势必成为中美等国又一个博弈的焦点。一方面，面对中国的崛起，美国、日本等国对东南亚地区的投资仍在加大，TPP 在东南亚地区得到了许多国家的响应，这会进一步巩固美元和日元在东南亚作为“可自由兑换货币”的地位。另一方面，需要注意的是，随着美元升值，东盟进口和服务费用都在增加，带来了更高的成本，反观中国与东盟，双方在过去“黄金十年”的互利合作取得了丰硕成果。中国已连续多年是东盟第一大贸易国，亦是东盟的第一大贸易伙伴。同时，2011 年起东盟已是中国对外投资最大的地区。

随着中国—东盟自由贸易区的深化，跨境贸易人民币结算的条件已经在东南亚地区逐渐成熟。因此，鉴于中国与东盟巨大的贸易额和密切的投资关系，笔者认为，人民币被 IMF 纳入特别提款权货币篮子的利好消息，有助于将人民币明确规定为中国与东盟资本转移的“可自由兑换货币”。这样将会大大提升中国和东盟的贸易投资便利度，更快地提升与中国的贸易和投资，增强东盟商品在中国这个最大潜力市场的竞争力，这对东盟国家的经济发展具有非常重要的现实和战略意义。

2. 汇率问题

1998 年之前所签订的 BITs，大多采用“转移之时（或之日）的官方汇率”，如中泰、中越等。中马 BIT 则采取区别规定的方式，即马来西亚方面按照通用汇率，中国方面按照官方汇率；中新 BIT 规定“转移之日自由兑换货币通用的市场汇率”，但同时也强调“如没有该汇率，则适用官方汇率”[①]。然而，从 1998 年《东盟投资区域框架协议》起，中国与柬埔寨、缅甸签署的 BITs，以及《中国—东盟投资协议》，所采用的则是“市场汇率”。

在外汇管制较松的国家，外汇交易的汇率主要是通过市场汇率来决

① 《中华人民共和国政府和新加坡共和国政府关于促进和保护投资协定》第 9 条，http://tfs.mofcom.gov.cn/aarticle/h/at/200212/20021200058420.html。

定；相反，在外汇管制较严的国家，往往出现高于官价的黑市汇率，这就给该国外汇管理机制带来冲击。中越边贸中所出现的“地摊银行”现象就是典型的例子。相比正规渠道，“地摊银行”有着手续简单、快捷方便、无手续费等优势，所以受到中越边境小额贸易商的欢迎。但“地摊银行”的隐患也十分明显，由于缺乏监管，边境客商通过“地摊银行”进行货币兑换时极易落入汇率陷阱，汇率不稳定会给客商带来损失；同时，“地摊银行”也给边境地区反洗钱、金融外汇管理带来困难。因此，将“官方汇率”转变为“市场汇率”，对于中国与东盟各国的投资合作有着重要的意义。

（四）东道国对资本转移行为的保护

对于外国投资者而言，资本转移条款所赋予他们的是资本自由转移的权利，这也是东道国据此应当承担的义务。

首先，东道国应当给予外国投资者积极的保障。根据协定第 2 部分（a）第 8 条的规定，成员国在未经 IMF 同意的情况下，“不能对国际经常项目交易的支付和移转施加强制管制措施”。

其次，在尊重东道国属地管辖的前提下，还强调应当对外国投资者的资本转移行为予以特别的保障。比如，中泰 BIT 中就明确规定：“遇有困难，在中华人民共和国投资的泰王国国民和公司可以向中华人民共和国政府主管机关申请，上述主管机关将给予最善意的考虑并提供可能的帮助。在泰王国方面，应依照泰王国的法律和法规以及其作为国际货币基金组织成员相一致的权利和义务进行；应根据泰王国政府主管机关的考虑在互惠的基础上进行，而泰王国政府主管机关将对中华人民共和国国民和公司的每项转移给予最善意的考虑以便提供优惠待遇。”①中新 BIT 中也有类似的规定：“由于中华人民共和国管辖该转移的法律和法规的要求，不能进行第 8 条第 1 款所述的自由转移，可以向中华人民共和国政府主管部门申请，该部门应给予最优惠的考虑，并提供一切可能的帮助使转移能够进行。”②

---

① 《中华人民共和国政府和泰王国政府关于促进和保护投资协定》附件，http：//tfs. mofcom. gov. cn/aarticle/h/at/200212/20021200058413. html。

② 《中华人民共和国政府和新加坡共和国政府关于促进和保护投资协定》附件，http：//tfs. mofcom. gov. cn/aarticle/h/at/200212/20021200058420. html。

又比如，《中国—东盟投资协议》中明确赋予外国投资者最惠国待遇，“在同等条件下，应等同于任何其他缔约方或第三国投资所产生的转移”①。

最后，东道国还应当确保资本转移的高效率。“不得无故迟延”（without delay）是指从另一缔约方的投资者正式提出与投资有关资本转移要求之日到转移实际完成之日的时间，必须在合理范围内或符合投资协定条文中所作的明确规定。它是在资本转移条款中广泛存在的明确要求。在中国与东盟各国所签订的协定中亦普遍存在。但是，何谓“合理时间”，这并未有具体规定。从区域外其他投资协定的实践来看，有些 BITs 引入了国际惯例，如中意 BIT 第 5 条就要求转移须遵循国际财政金融惯例正常所需的时间，且进一步确指“一般不超过 6 个月”，这是可以借鉴的。而且，针对不同的转移对象，转移完成所需的时间也可以有特殊规定，例如，中泰 BIT 第 6 条就规定：“如缔约一方按第 5 条规定（征收与补偿—笔者注）支付了巨额款项，有关的缔约一方可要求以合理的分期付款方式进行此项转移。”②

（五）东道国对资本管控的权利

东道国在签订投资协议时，也会考虑到资本转移所带来的影响，进而做出一定的限制，要求外国投资者必须遵守相关要求，承担一定的义务。

一方面，东道国更强调其对资本的属地管辖。大多数发达国家所提倡的资本流动绝对自由化，使得外国投资者投资时，更希望援引发达国家的理念来满足自己资本自由流动的需求。然而，鉴于资本转移对国内经济的重要影响，中国与东盟各国更倾向于较为严格的外汇管制手段，因此，在双方所签订的投资协定中，均做出了这方面的规定，如“依照其（东道国）法律和法规”是最为普遍的规定，据此东道国可以通过属地管辖的方式来约束外国投资者，要求其承担相应的财政性义务。而在一些协定中，双方还规定了较为细致的内容。中国—印度尼西亚 BIT 可谓典型。在该协定中，外国投资者若要进行资本转移行为，东道国不仅有权要求其先完成

---

① 《中华人民共和国政府与东南亚国家联盟成员国政府全面经济合作框架协议投资协议》第 10 条第 2 款，http：//fta. mofcom. gov. cn/inforimages/200908/20090817112737736. pdf。

② 《中华人民共和国政府和泰王国政府关于促进和保护投资协定》第 6 条，http：//tfs. mofcom. gov. cn/aarticle/h/at/200212/20021200058413. html。

全部纳税义务，还有权主张其提供法律和法规所要求的货币转移报告。

《中国—东盟投资协议》对这方面的规定更为明确具体。东道国在"公平、非歧视和善意实施其与下列内容相关的法律法规基础上，可以阻止或延迟某一项转移，包括：（一）破产，丧失偿付能力或保护债权人权利；（二）未履行东道方的关于证券、期货、期权或衍生产品交易的转移要求；（三）未履行税收义务；（四）刑事犯罪和犯罪所得的追缴；（五）社会安全、公共退休或强制储蓄计划；（六）依据司法判决或行政决定；（七）与外商投资项目停业的劳动补偿相关的工人遣散费；以及（八）必要时用于协助执法或金融管理机构的财务报告或转移备案记录。"①

另一方面，东道国可以在一定情况下实行资本管制措施。在缔约国制定资本转移条款时，最核心的问题可能就在于，是否需要对东道国资本转移义务设定认证条件，以有效地保证东道国根据其经济环境履行义务。一般来说，经济损失条款的规定一般包括两部分。第一种称"临时经济减损"（temporary economic derogation），即根据收支平衡或宏观经济管理的理由，东道国在何种条件下可以暂时采取新的限制措施；第二种为"过渡条款"（transitional provisions），即允许东道国维持现有的限制措施，除非东道国的经济环境已不需要这些限制措施。多边协定通常都会规定这种减损，但大多数双边和区域协定不会做出这种规定，其原因在于这种认证规定会破坏投资者保护原则，从而违背协定本身的目标。

然而，东南亚地区的金融市场并不稳定，1997 年亚洲金融危机使得中国与东盟各国依然心有余悸，因此《中国—东盟投资协议》中还是对该问题进行了明确规定。若存在三种情况，包括国际收支失衡、IMF 要求和资本流动威胁或导致东道国严重的经济或金融动荡，东道国可以采取必要的管制措施，限制甚至禁止外国资本的自由转移。但是，该管制措施在使用时必须要符合以下条件："（一）应与《国际货币基金组织协定》条款相一致；（二）不得超过处理第五款第（三）项所指情况所必需的程度；（三）应是暂时的，并在其设立和维持不再具有合理性时予以取消；（四）应尽早通知其他缔约方；（五）应使任何一方所获待遇不低于任何其他方或非缔约方所获待遇；（六）应在国民待遇的基础上实施，且（七）应

① 《中华人民共和国政府与东南亚国家联盟成员国政府全面经济合作框架协议投资协议》第 10 条第 3 款，http：//fta. mofcom. gov. cn/inforimages/200908/20090817112737736. pdf。

避免对其他缔约方的投资者、所涉投资和商业、经济和财政利益造成不必要的损害。”①

借着中国“一带一路”倡议的东风，中国与东盟国家之间的投资将会更加频繁。中国对东盟国家不仅是外资输入国，还是主要的外资输出国，中国投资者赴东南亚投资将会成为热点问题。在这一背景下，理解并运用好资本转移条款，将有助于协调资本管制与投资自由化之间的冲突，在维护中国金融主权的同时也能保护好中国众多海外投资者的利益。

A Research on the "Capital Transfer" Clauses of China-ASEAN Investment Treaties

Luo Chuanyu

Abstract With the advancement of the Belt and Road Initiative, Chinese enterprises are facing a large number of investment opportunities overseas, especially in Southeast Asia. However, the investment process will inevitably suffer from the problem of capital control caused by the host country, which will make their overseas profits impossible to transfer freely. Therefore, this paper analyzes the risks and types of the capital transfer, and compares them with the previous "capital transfer" clauses of China-ASEAN investment treaties, so as to grasp the role of "capital transfer" clauses and to make better protection for Chinese enterprises' overseas investments.

Key Words Capital Transfer; Investment Treaty; Capital Security

Author Luo Chuanyu , Associate Professor, Ph. D of Laws, Assistant Dean of China-ASEAN Research Institute of Guangxi University and Deputy Director of the Department for Laws Studies.

① 《中华人民共和国政府与东南亚国家联盟成员国政府全面经济合作框架协议投资协议》第10条第5款，http://fta.mofcom.gov.cn/inforimages/200908/20090817112737736.pdf。

政治与政策

“策略性”平衡：东盟在印支战争中的安全实践

葛红亮

【摘要】冷战时期，东盟国家面临的外部安全威胁主要表现为第二、三次印支战争，从 1967 年到 1991 年，东盟的区域安全实践主要围绕印支战争而展开。东盟在印支战争中的区域安全实践，总体来说表现为建立在原则、规范基础上的“策略性”平衡，坚持东盟关于实现国家安全与区域和平的一系列基本原则和宗旨，而不以意识形态为依据，坚持东盟在地区和平进程中的主导地位，而尽量减少大国对地区事务的干涉与避免大国主宰地区国家命运，坚持灵活对外交往，以建立“和平、自由、中立区”设想为目标，有针对、有策略地与大国往来，发挥大国对地区安全事务的积极影响和缓解地区对峙、对抗的情绪。客观来看，东盟在印支战争中的区域安全实践为成员国国家安全与实现地区和平作出了突出贡献，而这为东盟带来莫大国际威望的同时，也使东盟冷战时期的“策略性”平衡区域安全实践在后冷战时代获得了延续性发展的动力。

【关键词】东盟　印支战争　柬埔寨问题　权力均衡　东盟规范

【基金项目】国家社科基金西部项目“21 世纪‘海上丝绸之路’地缘安全基础研究”（15XGJ007）。

【作者简介】葛红亮，广西民族大学东盟研究中心副研究员、博士。

20 世纪 50 年代，随着冷战持续在亚洲蔓延，东南亚国家在地区安全环境中主要面临着两个方面的挑战与威胁：一是命运与国家安全被美苏地区争霸所“左右”；二是所谓的“来自北部的共产主义威胁”。[①] 鉴于此，如何应对地区安全威胁与实现区域稳定、和平成为大部分东南亚国家不得不面对的一个重要课题，而开展区域安全合作则在东南亚国家区域合作实践——先后成立东南亚联盟（The Association of Southeast Asia，简称 ASA）、马菲印多（Maphilindo）[②] 的过程中，成为一种共识。[③] 作为这种共识的结果，印度尼西亚、马来西亚、泰国、菲律宾与新加坡在1967 年 8 月 8 日以签署《曼谷宣言》的方式宣布了东南亚国家联盟（Association of Southeast Asian Nations，简称东盟/ASEAN）的诞生。因此，东盟作为东南亚地区国家间的一种制度安排，其主要是为了地区的稳定、和平，即实现国家安全与地区和平是东南亚国家成立东盟的主要目标。[④] 在东盟成立后的 20 多年时间里，东盟国家在地区面临的最直接外部威胁无疑是第二、三次印支战争。因此，政治安全议题一直排在东盟议程的前列，而越南战争（以下简称“越战”）、柬埔寨问题则相继构成这些安全议题的核心。[⑤] 正因此，第二、三次印支战争成为考察冷战期间东南亚地区安全实践的主体。

东盟在印支战争中的角色与安全实践既是东南亚地区冷战史的重要一部分，也是考察东盟成立后如何逐步确立对外关系原则的关键。不可否认，中国等大国在两次印支战争中发挥各自作用使战争能够结束及问题得以解决成为可能，[⑥] 但是鉴于其威望在冷战结束时大幅度高涨，东盟的角色与作用同样值得重视。对此，已有的历史、国际关系成果对东盟在印支

---

① Ralf Emmers, *Cooperative Security and the Balance of Power in ASEAN and the ARF*, London and New York: Routledge Curzon, 2003, pp. 69 - 70.

② 包括马来亚、菲律宾和印度尼西亚三国。

③ 这就意味着，地区国家联合起来被视为应对挑战的有效手段。See Arnfinn Jorgensen-Dahl, *Regional Organization and Order in Southeast Asia*, the Macmillan Press, 1982, p. 73.

④ 王子昌、郭又新：《国家利益还是地区利益：东盟合作的政治经济学》，世界知识出版社 2005 年版，第 78—80 页。

⑤ Lau Albert, *Southeast Asia and the Cold War*, New York: Routledge, 2012, p. 177.

⑥ J. Soedjati Djiwandono, *Indonesia, ASEAN and the Pacific Basin: Some Security Issues*, *in Dora Alves*, *Cooperative Security in the Pacific Basin: The* 1988 *Pacific Symposium*, Washington D. C.: National Defense University Press, 1990, p. 244.

战争中的作为进行了梳理。[①] 但总体来看，相关梳理并未系统地阐述这一时期东盟地区安全实践的关键特征，而这对观察与评估东盟今天在地区安全事务（例如南海安全）中的角色有着非常凸显的参考价值。鉴于此，本文将以两次印支战争为载体，着重考察东盟冷战期间的区域安全实践及其在处理地区安全事务中的行为特征。无疑，这将有助于加深对东盟地区安全实践行为的理解。而东盟逐渐在南海安全事务中扮演重要角色的事实也表明，[②] 相关的研究仍具有强烈的现实价值。

一 "策略性"平衡地区国际关系原则的确立

东盟以维护国家安全与实现地区和平为宗旨，因此这些国家在如何协作应对区域外挑战、威胁方面自然给予了极大关注。在东盟成立之际，东盟国家在成立宣言（也即《曼谷宣言》）中明确提出了各个成员国如何与联盟以外其他国家相处、交往的基本原则。鉴于此，东盟成立之初即已为东盟国家作为一个整体与外界来往开启了一个良好开端。[③] 换句话说，《曼谷宣言》中关于东盟对外交往的基本规定则是这一良好开端的象征。

在《曼谷宣言》中，东盟在对外交往方面的相关规定大体可以表述为三个方面：首先，东盟的对外交往是在拒绝外来干涉和确保外交自主的原则下进行。这主要体现为两方面内容，一是保障东盟成员国的"稳定和安全免遭形形色色的外来干涉，以维护它们的民族特性"；二是关于西方大国地区驻军的规定，东盟国家为维护国家安全允许外国驻军，但也明确规定："肯定所有的外国基地都是暂时的，只是在有关国家的明确同意下才存在，并非用于直接或者间接地颠覆这一地区国家民族独立和自由或者危

① 相关代表性的成果有：Arnfinn Jorgensen-Dahl, *Regional Organization and Order in Southeast Asia*, London: Macmillan, 1982; Alison Broinowski ed. *Understanding ASEAN*, London and New York : St. Martin's Press, 1982; Michael Leifer, "ASEAN and the Security of Southeast Asia, London and New York", *Routledge*, 1989; Kusuma Snnitwongse, "ASEAN's Security Corporation: Searching for Regional Order", *Pacific Review*, 8 (1995); Ang Cheng Guan, *Southeast Asia and the Vietnam War*, New York, Routledge, 2010; Lee Jones , *ASEAN, Sovereignty and Intervention in Southeast Asia* London: Palgrave Macmillan, 2011; Lau Albert, *Southeast Asia and the Cold War*, New York: Routledge, 2012 ; etc.

② 葛红亮：《亚细安在南中国海议题上的角色与行为逻辑》，[新加坡]《联合早报》2015 年 8 月 10 日，第 21 版。

③ 王子昌：《东盟外交共同体：主体及表现》，时事出版社 2011 年版，第 109 页。

害各国发展的正常进程。"[①] 其次，以保持东盟的组织开放性来处理东盟与东南亚地区其他国家的关系。在这一方面，《曼谷宣言》规定："联盟对所有赞成上述目的、原则和宗旨的所有东南亚国家开放，欢迎参加。"[②] 可见，保持东盟组织开放性和对东南亚地区其他国家持欢迎态度是东盟处理与地区国家关系的基本原则。最后，东盟还在《曼谷宣言》中规定了与其他国际、地区性组织进行密切交流、合作的基本原则。[③] 由此看来，《曼谷宣言》作为东盟的成立宣言实际上并未就东盟如何作为一个整体开展对外交往进行清晰、具体的规定。但是，对主权的珍视、对外开放与合作显然已经成为东盟成立之际处理与其他国家关系的基本原则的主要特征，并且为国际与区域性环境改变后东盟"策略性"平衡外交观念与地区国际关系原则的提出、讨论与确立奠定了基础。

20 世纪 60 年代末 70 年代初，东南亚地区的国际安全环境出现了转变。一则，英国力量从东南亚地区撤出，美国在深陷"越战"之际也提出了"尼克松主义"，希望从该地区进行战略退缩；二则，苏联及以越南（北越）为代理人在东南亚地区奉行扩张主义与霸主主义；三则，20 世纪 70 年代初中美关系"解冻"，中美苏战略三角关系逐步形成。地区安全环境的转变一方面使东盟国家不得不更加自主地肩负起维护国家安全、地区稳定的责任，另一方面也在一定程度上为东盟更为自主地在地区安全事务中发挥作用提供了相对和缓的环境。为此，东盟希望为通过以成员国作为一个整体的协作来确保地区和平稳定提供一个更为明晰、具体的地区行为原则，以期能够免于美苏冷战对峙和印支战争的威胁。在此背景下，由马来西亚倡导的"中立区"及后由东盟国家共同讨论形成的《吉隆坡宣言》应运而生。

"中立区"设想最初源于马来西亚时任外交、内政部长，资深内阁成员敦·伊斯迈（Tun Ismail）在 1968 年 1 月 13 日召开的国防辩论会上提出的一项计划。这一计划包括三个要点：一是东南亚国家签订互不侵犯条

---

① See ASEAN, The ASEAN Declaration (Bangkok Declaration), Bangkok, Aug. 8, 1967, http://arc-agreement.asean.org/file/doc/2014/02/the-asean-declaration-(bangkok-declaration).pdf，登录时间：2014 年 6 月 14 日。

② See ASEAN, The ASEAN Declaration (Bangkok Declaration), Bangkok, Aug. 8, 1967.

③ 《曼谷宣言》在这方面的规定是："与现有的具有类似目的和宗旨的国际和区域性组织保持密切、更为有利的合作，探讨所有促使它们进行更加紧密合作的途径。" See ASEAN, The ASEAN Declaration (Bangkok Declaration), Bangkok, Aug. 8, 1967.

约；二是宣布一项以互不干涉内政和自由选择政府形式为基础的和平共处对外政策；三是中美苏三个大国共同为地区安全做出保证。① 1970 年 4 月，马来西亚特别代表加扎利·沙菲（Ghazali Shafie）在不结盟会议筹备会议上强调"中立化"将是马来西亚的官方政策。对此，马来西亚时任副总理拉扎克给予了认可，他在 1970 年 9 月召开的第三次不结盟国家峰会上正式提出所有区域外大国作保证、所有东南亚国家参加的"中立区"建议，并认为，不结盟集团应该以积极的立场支持整个东南亚地区实现"中立化"，而中国、美国和苏联等大国给予地区"中立化"保证。② 1971 年，他在一篇名为《东南亚中立化》（Neutralization of Southeast Asia）的文章中就东南亚国家与域外大国的关系提出了如下的看法：一是，东南亚地区成为中立区；二是，大国应承担责任不使东南亚地区国家卷入它们之间的权力争斗；三是，大国应设立一个监管机制，确保东南亚在国际权力斗争中的中立。③

马来西亚首倡的"中立区"概念得到了东盟其他国家的基本认同。1971 年 10 月东盟国家外长在美国纽约就当年 11 月下旬召开东盟外长特别会议达成一致，而这为《和平、自由和中立区宣言》的出台提供了条件。11 月 26—27 日，东盟特别外长会议在马来西亚吉隆坡举行，通过了《和平、自由和中立区宣言》。该宣言一方面使地区"中立化"倡议成为东盟重要的对外交往原则与规范，宣告东盟成员国"决定尽一切必要的努力以赢得外部强国对东南亚作为一个和平、自由和中立区的承认和尊重，并摆脱外部强国对东南亚任何形式与方式的干涉"，④ 再次强调了东南亚地区的"中立"和地区国家的自主性。"中立区"同时也意味着，东盟将在联盟以外国家（特别是大国）之间保持等距离外交，而这实际上彰显了东盟国家推行"平衡"外交的想法。对此，有学者考察后认为，实现东南亚地区

① Federation of Malaysia, Dewan Rakyat, Parliamentary Debates, Jan. 23, 1968, Cols. pp. 1615 - 1616.

② Speech by Tun Abdul Razak, Deputy Prime Minister and Leader of the Malaysia Delegation at the 3rd Summit Conference of Non-aligned Countries in Lusaka, Zambia on September 9, 1970, Foreign Affairs Malaysia, Vol. 3, No. 2, 1970, p. 16.

③ M. Ghazali Shafie, "Neutralization of Southeast Asia", *Pacific Community*, (13) 1971: 110 - 117.

④ ASEAN, Zone of Peace, Freedom and Neutrality Declaration, Malaysia, Nov. 27, 1971, http: //www. aseankorea. org/files/upload/pdf/Zone% 20of% 20Peace,% 20Freedom% 20and% 20Neutrality% 20Declaration_ 1. pdf，登录时间：2016 年 1 月 17 日。

“中立化”的第二层含义就是东南亚与大国保持等距离的国家间关系，东盟国家在大国间搞平衡一方面不至于受到任何一个大国的威胁，另一方面也可以为东盟发挥“平衡手”的角色提供可能性。①

以“中立区”的提出、讨论及《吉隆坡宣言》的发表为标志，东盟这时期处理地区安全事务和开展大国外交的“策略性”平衡原则正式确立。在东盟的视野下，“策略性”平衡的含义主要体现为两个层面。其一，平衡外交。东盟希望在大国间保持等距离外交，也即推行平衡外交。其二，以“策略性”促进主动性与主导性。对东盟而言，保持其在地区事务中的主导权的关键在于发挥其“平衡手”的角色。借此，东盟既可在大国间保持平衡，又能游离于大国之间，进而能根据地区局势的发展制定有针对性的、有助于其实现目标的行动方针，从而确保东盟在处理地区安全事务时的主动性与主导性。1976 年东盟国家签署了《东南亚友好合作条约》（Treaty of Amity and Cooperation in Southeast Asia ，简称 TAC）进一步完善与巩固了东盟的这一区域国际关系原则。②

二　印支战争与东盟的“策略性”平衡安全实践

“策略性”平衡地区原则的提出、形成是东盟国家应对冷战期间地区大国竞争与地区安全挑战的结果。在这一时期，印支半岛的战争威胁既是大国竞争的缩影，也是东盟国家必须直面的现实威胁，印支战争因而成为东盟“策略性”平衡地区原则提出后付诸实践的主要载体。

在东盟成立之前，“越战”在美国的推动下不断升级是印支战争的基本特征。到 1966 年底，美国在越南战场投入的兵力总计高达 36 万人。③随着美国“越战”泥潭愈陷愈深，对美国在“越战”中取胜的怀疑弥漫了整个地区。东盟成立后不久，新加坡时任总理李光耀在对美国进行第一次访问时就向美国政府表达了这种观点，“他对美国能否有足够的力量和资源投入‘越战’和运用战争升级的方法尽快结束战争感到怀疑，并认为从东南亚地区长远安全的角度，美国应该避免持续的军事升级和确保一个令

① 王子昌：《东盟外交共同体：主体及表现》，时事出版社 2011 年版，第 117 页。

② See ASEAN, Treaty of Amity and Cooperation in Southeast Asia. Indonesia, 1976.

③ Ang Cheng Guan, *Southeast Asia and the Vietnam War*, New York: Routledge, 2010 , p. 41.

各方满意的越南和平方案"。[①] 1968 年"新年攻势"（Tet Offensive）后，美国在越南战场获胜的几率更趋微小。基于此，1968 年 5 月美国开始与北越在法国巴黎举行和平谈判。至 1969 年，美国尼克松（Richard Nixon）政府在推动南越自由化未果的情况下推行了"越战"越南化的政策，试图走出越南战场。与此同时，苏联也在不断加强对地区事务的影响。随着对地区事务政治介入的日渐深入，1969 年 6 月苏联已准备在地区建立集体安全机制，期望以此来加强与美国在地区安全中的对峙及在战略上牵制中国。因此，美国的退出计划使东南亚地区有可能出现安全真空。作为结果，东盟国家不得不开始真正地、独立地应对北方的共产主义。与此同时，越南战争"越南化"使战火开始向柬埔寨蔓延，这无疑加剧了东盟国家的忧虑。为此，东盟国家 1970 年 5 月主导召开了旨在讨论柬埔寨安全状况的"雅加达会议"，并在会后声明中敦促各方停止敌对行动和尊重柬埔寨主权、独立、中立和领土完整，并希望能就柬埔寨安全议题召开一次国际性的会议。[②] 不仅如此，东盟国家还对地区安全局势作出了"策略性"应对，以"中立区"设想来作为处理地区国际关系与实现区域安全的基本原则，使东盟国家既能够置身于复杂的大国安全竞争关系之外，又能在"全方位"地保持与大国交往的同时确保地区国家的安全与命运掌握在自己手中。

在《吉隆坡宣言》出台后，东盟国家为应对印支战场日益"恶化"的局势，加强了在地区政治安全方面的合作。1972 年 4 月、7 月，东盟国家先后在新加坡和马尼拉召开两次会议，明确强调维护东南亚地区的和平与稳定是地区每一个国家的基本责任，并就在印支实现停火提出五项建议：第一，达成停火协议；第二，撤出全部外国军事力量；第三，释放囚犯；第四，寻求政治解决路径；第五，自由选举。[③] 此外，随着中美关系的解冻，东盟国家也纷纷寻求与中国、苏联建立或者发展关系，以期在大国间建立某种意义上的"平衡"，而这显然为东盟执行"中立区"设想与进一步落实"策略性"平衡创造了可能。不仅如此，东盟为改变越南、中国及

① Ang Cheng Guan, *Southeast Asia and the Vietnam War*, New York: Routledge, 2010, pp. 46 – 47.

② See Telegram from the American Embassy in Indonesia to the Department of State, Jakarta, May 17, 1970.

③ Lau Albert, *Southeast Asia and the Cold War*, New York: Routledge, 2012, p. 178.

苏联将其视为美国支持下的“反共”组织的传统看法，[①] 还在地区内采取了积极而谨慎的举措，在实践中落实“策略性”平衡外交。1973 年 2 月，东盟国家在吉隆坡召开会议，向外界明确表达了东盟扩大至东南亚地区其他国家的想法。[②] 3 月，作为东盟成员国的泰国和菲律宾，相继从南越撤出军队。1974 年 7 月，泰国最终与美国就其境内的美国军事基地使用问题达成协议，明确表示这些基地不得用于印支战争。[③] 借此，东盟国家既向印支半岛国家表达了善意，也使东盟国际形象得到显著好转，缓解了东盟国家与越南等印支半岛国家的地区对立情绪。可见，尽管东盟没有在第二次印支战争和平进程中发挥主导性作用，但东盟的“策略性”平衡外交努力却在实质上发挥了作用，在一定程度上和缓了地区对立、对抗情势的同时，也为“越战”的尽快结束创造了有利条件。1975 年，越南实现统一，老挝和柬埔寨也建立了共产党政权，第二次印支战争正式结束。

“越战”结束后，越南、柬埔寨和老挝成为共产党执政的国家，这意味着共产主义力量在东南亚地区已经“落地生根”。印支半岛局势的急速变化成为东盟国家考虑国家安全与维护区域和平的主要因素，这也促使东盟开始着手制定一个系统的面向印支半岛国家的政策。1975 年 5 月，东盟国家外长齐聚吉隆坡，一致认为东盟国家已经做好了与越南、柬埔寨、老挝建立和发展友好关系的准备。对此，北越及统一后的越南给予了积极回应，在“越战”结束前后，与马来西亚、新加坡、菲律宾、泰国先后建立了正式外交关系，与印度尼西亚升级了外交关系。[④] 受此影响，“越战”后越南—东盟关系取得了一定的发展。但是，越南—东盟关系随着地区和平、自由与中立遭受挑战，又失去了继续发展的基础，[⑤] 而给地区和平、自由和中立带来巨大危害的正是 1978 年 12 月越南对柬埔寨发动的入侵及

---

① 1973 年以前，东盟在河内看来与“东南亚条约组织”无异，是美国支持下的反共产主义组织。See Kusuma Snnitwongse, “ASEAN’s Security Corporation: Searching for Regional Order”, *Pacific Review*, (8) 1995: 521.

② Lau Albert, *Southeast Asia and the Cold War*, New York: Routledge, 2012, p. 178.

③ Ibid. .

④ 1973 年，北越与马来西亚、新加坡建立外交关系，并同印度尼西亚将领事级外交关系升格为大使级；越南统一后，则在 1976 年 7 月、8 月分别与菲律宾、泰国建立了正式外交关系。

⑤ Lau Albert, *Southeast Asia and the Cold War*, New York: Routledge, 2012, p. 182.

由此引发的第三次印支战争。[①]

第三次印支战争对东盟国家关于地区和平与安全的设想——和平、自由与中立产生了冲击。这具体体现在三个层面：一是，东盟通过"中立区"设想及《东南亚友好合作条约》所确定的和平解决争端、不干涉内政、地区自治等原则遭受挑战；二是，越南对柬埔寨的入侵加剧了越南及苏联与中国、美国在地区的大国争夺；[②] 三是，此次战争所产生的消极性已经严重地影响到了东盟其他国家，[③] 而作为东盟成员国的泰国，由于地处中南半岛，受到了最为直接的威胁。[④] 相关数据显示，1975 年后，越南在老挝及老挝—泰国边境地区驻守着高达三万至五万的兵力，而侵略战争发动时又有配备苏式武器的五万越南军队驻留在柬埔寨—泰国边境。[⑤] 鉴于此，越南在地区的扩张主义和建立"印支联邦"的野心，成为东盟国家，特别是泰国的国家安全的显著挑战。在此背景下，东盟开启了"策略性"平衡区域安全实践的又一段征程。

为抑制越南在地区的"霸权思维"和行动，[⑥] 东盟国家 1979 年 1 月 9—12 日在泰国曼谷召开了一次特别外长会议。通过此次集体回应，东盟

---

① 越南和柬埔寨同为印支半岛国家，越南 1975 年完成统一之时，柬埔寨也建立了共产党政权——红色高棉领导下的民主政府。越南之所以侵略柬埔寨，针对的正是同为共产党的红色高棉政权，而根源则在于越南共产党和柬埔寨共产党长期以来的间隙及越南共产党在实现越南统一后表现出的强烈沙文主义，企图控制柬埔寨共产党、吞并柬埔寨和建立印支联邦，实现越南的国家安全。因此从国际关系的角度来看，第三次印支战争是越南企图控制和吞并柬埔寨与柬埔寨对这一企图进行反抗而引发的一种特殊国家间关系态势。有关越共和柬埔寨共产党的间隙和分歧并非本文讨论的重点。可参阅王子昌《东盟外交共同体：主体及表现》，时事出版社 2011 年版，第 130—136 页。

② 此前，越南与苏联签订的同盟互助条约使中国意识到越南入侵柬埔寨得到了苏联的支持，而越南此举也被中国解读为苏越在南面对中国的包围，因此越南对柬埔寨的侵略引起了中苏在印支半岛的争夺。参见王子昌《东盟外交共同体：主体及表现》，第 137 页。

③ Amitav Acharya, *The Quest for Identity: International Relation of Southeast Asia* Singapore: Oxford University Press, 2000, p. 105.

④ 相关数据显示，截至 1978 年底，泰国有 18 万名老挝和柬埔寨难民、13000 多名越南难民；马来西亚有 67000 人，菲律宾有 4500 人，印尼有 4000 人，新加坡有 2000 人。See M Rjedran, *ASEAN 's Foreign Relations: The Shift to Collective Action*, Kuala Lumpur: Arenabuku, 1985 , p. 213.

⑤ Arthur, J. Dommen, *Laos: Keystone of Indochina*, Boulger: Co. , Westview press, 1985, p. 123.

⑥ 新加坡时任外长拉惹勒南（Sinnathamby Rajaratnam）1979 年 6 月曾在东盟外长会议上明确指出："越南的野心是在东南亚地区建立霸权。" See Ralf Emmers, *Cooperative Security and the Balance of Power in ASEAN and the ARF*, New York: Routledge Curzon, 2003, p. 95.

明确就此次印支战争表达了下述几项目标与原则：第一，否认越南人组建的金边政府的合法性；第二，保证在国际上孤立越南；第三，确保越南军队无条件撤出柬埔寨；第四，预防越南入侵泰国；第五，确保一个和平、中立与民主的柬埔寨；第六，确保东盟在未来和平进程的主导地位，冲突的最终解决应该保障东盟的安全利益，不能完全受外部大国支配。[①] 在确立东盟主导地位的基础上，东盟国家为实现这些目标主要做了两项工作：第一，在多边场合上对越南在印支半岛的侵略行径予以谴责，希望在国际舞台上孤立越南；第二，在大国间推行"策略性"平衡外交，利用中美苏"大三角"关系，与中美两国在这一问题上建立合作关系以期抑制越南在地区的霸权主义。

针对东盟国家这一时期采取的"策略性"平衡政策，拉尔夫·埃莫斯（Ralf Emmers）强调了"东盟与中国间'心照不宣'的联盟关系"（ASEAN's tacit alliance with China）。[②] 东盟与中国"心照不宣"的联盟关系首先由泰国与中国建立起来，后得到了新加坡的支持，并为马来西亚、印度尼西亚等东盟国家渐渐接受。[③] 东盟与中国虽然没有正式签订同盟条约，但中泰两国在应对越南地区霸权主义和打击越南对柬埔寨侵略方面却采取了一致行动。[④] 关于泰国在柬埔寨危机期间的对华政策，李光耀曾对到访的中国领导人邓小平作了深刻的描述，他说："泰国已经决定站在最前线，并将生死托付给中国。如果中国容许越南在柬埔寨为所欲为，必会使泰国陷入重重危机之中"，同时他在回忆录中也提到邓小平听到他的描述后神情凝重。[⑤] 如果将这一描述与中国 1979 年 2 月对越南的军事"教训"行动相联系，显然可以将中国的军事行动看作是免除泰国遭受越南侵略和军事打击的一次威慑行动。不仅如此，中美两国还为泰国提供了大量的军需物资，以期增强泰国对越南的防御能力。中美在柬埔寨问题的和平

---

① ［加拿大］阿米塔·阿查亚：《建构安全共同体：东盟与地区秩序》，王正毅、冯怀信译，上海人民出版社 2004 年版，第 114 页。

② Ralf Emmers, *Cooperative Security and the Balance of Power in ASEAN and the ARF*, New York: Routledge Curzon, 2003, p. 98.

③ 郑先武：《安全、合作与共同体：东南亚安全区域主义理论与实践》，南京大学出版社 2009 年版，第 276 页。

④ Ian Storey, *Southeast Asia and the Rise of China: the Search for Security* New York: Routledge, 2011, pp. 29 – 30.

⑤ ［新加坡］李光耀：《经济腾飞——李光耀回忆录（1965—2000）》，外文出版社 2001 年版，第 303—304 页。

解决进程中发挥了关键作用，而东盟与中国间“心照不宣”的联盟关系和泰美联盟则遏制了苏联的扩张主义和越南的地区霸权主义。显然，这是东盟在和平解决柬埔寨问题进程中影响力得以大幅提升的关键。同时，这也在一定意义上表明，东盟在第三次印支战争中的“策略性”平衡区域安全实践取得了积极的成效。

1989 年 9 月，越南从柬埔寨完成撤军。自 1989 年至 1991 年，“柬埔寨问题”各方举行了多轮会谈。1991 年 9 月，相关方在巴黎会议上正式通过了一份停止柬埔寨冲突的和平协议。至此，随着柬埔寨问题的正式解决，第三次印支战争真正画上圆满句号，而东盟及其区域安全实践无疑在这一和平进程中发挥了不可忽视的作用。

三　东盟在印支战争中“策略性”平衡实践的影响

东盟成立后，在面临“北方共产主义”及地区安全威胁的情形下，[①]以一个整体，基于“策略性”平衡地区国际关系原则，在第二、三次印支战争中开展了区域安全实践。这是东盟冷战期间基本的区域安全实践内容。无论是实践结果，抑或是过程，均显著刺激了东盟的发展，也深刻地影响了地区安全局势的发展态势。

首先，东盟在两次印支战争中的“策略性”平衡及其区域安全实践对地区安全局势的发展产生了显著的积极意义。在“越战”期间，虽然意识形态，即对“北方共产主义”的威胁，为东盟在地区的区域安全实践赋予了基本的色彩，[②] 但是东盟对于美国在第二次印支战争中的行为也是充满了复杂的情感。一方面，东盟国家寄望于美国的力量在地区“抵抗”“北方共产主义”的威胁，担忧美国力量的撤出；另一方面在美国深陷“越战”和难以通过扩大战争规模来取得对北越最终胜利之际，东盟也能直面国际战略格局与地区环境变化，视美国的“多米诺骨牌”理论及地区的战争投入为成员国国家安全与地区安全的威胁。[③] 因此，在“越战”后期，

① 据目前学界的共识，对“北方共产主义”威胁的共同感知是东盟成立及其在冷战期间开展区域安全实践的一项重要原因。See Leszek Buszynski, “Southeast Asia in the Post-Cold War Ear: Regionalism and Security”, *Asian Survey*, (32) 1992: 830.

② Lau Albert, Southeast Asia and the Cold War, New York: Routledge, 2012, p. 178.

③ Ibid., pp. 178 - 179.

东盟国家的“策略性”平衡体现得淋漓尽致，一面对美国在地区的军事部署进行了严格的限制，另一面也渐趋对北越及印支半岛其他国家开始采取更为积极的外交方针。从这个意义上来看，东盟的区域安全实践显然并非美国在地区针对“共产主义”威胁的一部分，而是地区国家着眼于地区局势缓和为创造地区和平、安全进行努力的象征。

如果说“越战”中东盟的区域安全实践具有尝试性的特征，那么在第三次印支战争及“柬埔寨问题”解决过程中，东盟的“策略性”平衡区域安全实践则更具大胆和权力平衡的特质。在越南及其地区“印度支那联邦”霸权努力成为东盟国家与地区安全头号威胁的情势下，东盟国家在区域内外践行“策略性”平衡政策，在区域内与中国接触并建立事实上的“盟友”关系，降低越南在地区对东盟国家的军事威胁，在区域外则借力中美苏“三角关系”和国际舞台，孤立越南，使越南因在地区推行霸权主义及对柬埔寨的侵略付出更多的成本和承担巨大的国际压力。东盟在第三次印支战争中的政策基本包含三个支柱：第一，使越南对寻求政治途径解决柬埔寨纷争产生兴趣，使越南无法将侵略结果强加给国际社会成为既成事实；第二，在国际社会孤立越南，阻断国际社会给越南提供新的经济与军事援助，增加越南的政治、经济与外交压力和在柬埔寨滞留军队的成本；第三，将维护柬埔寨的主权和独立国家地位与维护印支半岛国家的合法安全利益相结合，以体面的方式促使越南回到谈判桌及实现政治协商解决。① 除此之外，东盟的“策略性”平衡区域安全实践还表现在柬埔寨问题解决过程中东盟对越南的接触态度，而正是东盟与越南长时间的外交“反对—回应”接触为柬埔寨问题的和平解决创造了更大的希望。②

其次，东盟在两次印支战争中的“策略性”平衡及其区域安全实践推动东盟获得了实质性的成长与发展。虽然东盟的成立并未获得当时主流媒体或评论的重视，③ 但是作为东南亚部分国家践行区域合作和进行“联合自强”的象征，东盟基于“策略性”平衡的区域安全实践，却毋庸置疑地

---

① ［新加坡］许通美：《探究世界秩序——一位务实的理想主义者的观点》，门洪华等译，中央编译出版社 1999 年版，第 271—272 页。

② ［加拿大］阿米塔·阿查亚：《建构安全共同体：东盟与地区秩序》，王正毅、冯怀信译，上海人民出版社 2004 年版，第 123—127 页。

③ 作为当时与东南亚区域研究有着密切关系的一份刊物，《远东经济评论》（*Far Eastern Economic Review*）甚至没有派记者去报道此事，而是仅仅在刊物不起眼的位置提到了东盟的成立。See *Far Eastern Economic Review*, 1967, p. 312.

构成了第二、三次印支战争得以尽早和平解决的重要因素。借此，东盟在地区安全事务中的特殊角色与作用日渐得到区域内外国家的认可，而东盟关于地区事务的一系列原则和规范也正是发端与发展于这个时期。对于东盟的特殊角色，新加坡资深外交家许通美曾明确表示："如果没有东盟就没有柬埔寨问题，因为如果没有我们在1979年提出柬埔寨问题，并且坚定不移地支持它，它已经不复存在。"① 东盟在地区事务中的贡献与作用使其国际威望显著增加，以至于印度尼西亚在巴黎和平大会上被推举为两个主席之一。② 由此足见，东盟逐渐开始成为塑造地区国际关系的一支重要力量。

东盟关于地区事务所构筑的一系列原则和规范是其能够在第二、三次印支战争中发挥关键作用的因素之一。以《曼谷宣言》为开端，东盟已经迈开了就地区国际关系原则与规范进行重塑的步伐，在冷战期间先以《吉隆坡宣言》尝试将东南亚地区构筑为和平、自由的"中立区"，尔后以1976年的《第一协商一致宣言》和《东南亚友好合作条约》进一步协调了成员国间的关系及为地区国际关系的发展供给了一系列旨在维护地区和平与稳定的原则、规范。以这些原则和规范为基础，东盟国家开展与大国的接触与交往，并在地区意识形态两极化十分显著的情势下，③ 尽可能地坚持这些原则与规范，确保东盟在"柬埔寨问题"解决进程中的主导地位和实现区域问题区域内解决的目标。正因此，东盟才能做到"未发一枪"就将越南人赶出了柬埔寨及因此实现威望大增。④

此外，东盟能够在区域安全实践过程中及时克服成员国意见不一带来的难题，并为成员国在区域安全事务中的对话与合作确立诸如"协商一致"等原则，也是其能够在地区开展"策略性"平衡区域安全实践并取得显著成功的重要因素之一。

印支战争给东盟国家带来的安全威胁实际上并不一致，鉴于此，这些国家在处理印支战争过程中难免会产生不同的心理。1979年6月，东盟在

---

① "ASEAN's Resolve to Prevent a Fait Accompli Pays Off", *Straits Times*, 1991, p. 6.

② 王子昌：《东盟外交共同体：主体及表现》，时事出版社2011年版，第148页。

③ Leszek Buszynski, *SEATO: The Failure of an Alliance Strategy*, Singapore University Press, 1983, p. 226.

④ Rodolfo C. Severino, *Southeast Asia in search of an ASEAN community: Insights from the former ASEAN Secretary-General*, Singapore: Institute of Southeast Asian Studies, 2006, p. 36.

印度尼西亚巴厘岛举行了第12次外长会议。与会国家在声明中既直接地对越南进行点名谴责，又呼吁越南拿出诚意与地区国家协商和从泰国、柬埔寨边境地区撤出军队。① 东盟国家的两种相互矛盾的心理倾向在此体现得一目了然。一方面，东盟国家对越南的强烈谴责揭示了东盟希望越南在国际社会上得到类似的谴责和孤立，试图希望提高越南侵犯柬埔寨在军事和经济层面的成本；另一方面，东盟国家又希望越南拿出诚意与地区国家协商和从泰国、柬埔寨边境撤军，这意味着东盟希望在实践中推行“地区问题地区解决”的原则和确保问题在区域框架下解决，减少其他大国的干预。这两种心理倾向不可避免地导致了东盟国家的分裂，例如1980年3月《关丹宣言》（Kuantan Declaration）的出现。该宣言表明，东盟部分国家承认越南在印支半岛的特殊利益，它们希望借此换取越南摆脱苏联的控制及减少大国干涉地区安全。在实践中，这在使东盟国家出现分裂的同时，也变相向越南传递了不良信号。以越南进入泰国境内搜捕柬埔寨游击队为标志，《关丹宣言》及所确立的关丹原则实质上遭遇了失败。本质上，《关丹宣言》以损害泰国和地区其他国家长远的安全利益为代价，显然是不合时宜的，而新加坡则更将它描述为“最大的失误”。② 鉴于此，当年6月召开的东盟外长会议上，东盟国家重提要求越南必须全面撤军的主张。③ 从另一角度来看，东盟在地区“策略性”平衡的区域安全实践中成功克服了立场差异给东盟带来的分裂难题，而这显然促进了东盟组织运行的成熟和进一步协调了东盟成员国在地区安全议题上的对话与合作关系。

最后，东盟在两次印支战争中的“策略性”平衡及其区域安全实践也长远地影响了后冷战时代地区的安全格局。冷战后，国际形势的转变及地区格局的发展为东盟独立自主地塑造地区国际关系与处理事务提供了更为广阔的空间，而东盟在第二、三次印支战争，特别是“柬埔寨问题”的和平解决过程中的重要角色与贡献则为东盟能够继续成为后冷战时代地区国际关系中的一支重要力量提供了条件。一则，东盟在“柬埔寨问题”得以和平解决后的国际威望达到了前所未有的高度，这在显著提升东盟国家处理地区事务信心的同时，也为东盟能够在地区国际格局中赢得应有的国际

① ASEAN, Joint Communique of the 12th ASEAN Ministerial Meeting, Bali , 1979.

② ［加拿大］阿米塔·阿查亚：《建构安全共同体：东盟与地区秩序》，王正毅、冯怀信译，上海人民出版社2004年版，第118页。

③ ASEAN, Joint Communique of the 13th ASEAN Ministerial Meeting, Bali, 1980.

地位奠定了基础。二则，东盟在冷战期间所确立的一系列原则与规范仍然是东盟后冷战时代持续参与地区事务的重要依据。[①] 以这些原则和规范为基础，确保东盟在区域安全事务中的主导地位和避免大国对地区国家命运的主宰，是东盟处理地区安全事务的核心原则。三则，冷战期间，特别是第三次印支战争和"柬埔寨问题"的和平进程中，中国、美国、日本、印度等大国都与东盟有接触与对话，而这些国家在进程中或冷战后无不对东盟立场给予认可。例如，印度通过柬埔寨危机解决进程中和东盟的互动逐渐明白，东盟具有强大的力量应对区域内的危机，是一个坚持原则和有效的区域组织。[②] 在此基础上，东盟才有可能通过双边、多边的一系列路径逐步扩大了对大国的规范性影响，进而确保东盟成为地区国际关系塑造的一支重要力量和地区多边框架的"驾驶员"，使地区国际关系的发展呈现出"小马拉大车"的格局。

四 思考与启示

随着冷战持续在地区发酵，特别是第二、三次印支战争的发生，东南亚地区逐渐站在了冷战的前沿。与此同时，地区国家安全与区域和平也不得不面临一系列重大的挑战，而这些挑战集中展现在印支半岛的战争和"柬埔寨问题"上。具体来看，地区国家与区域和平面临的挑战主要有两个层面、三方面内容：一是美苏地区的冷战对峙及美国在地区推行的"多米诺骨牌"理论和苏联所奉行的地区扩张主义；二是东盟国家一直强调的所谓的来自"北方的共产主义威胁"；三是越南统一后在地区推行的"印度支那联邦"扩张和霸权主义。鉴于此，如何应对这些挑战，以期确保国家安全与维护区域和平，成为东南亚国家面临的一个十分紧迫的课题。

以东盟的成立为起点，东南亚国家迈开了应对国家安全挑战和实现区域和平的第一步，东盟开始作为东南亚国家"联合自强"的整体在地区安全事务中发挥其作用。东盟成立后，在区域安全实践的过程中，逐步形成了以

① 据学者考察，后冷战时代，东盟的区域安全实践的"弱制度"特征就更为明显，其更多是"制度平衡"而非解决问题的工具。参见郑先武《区域间主义治理模式》，社会科学文献出版社 2014 年版，第 377 页。

② 张云：《国际政治中"弱者"的逻辑——东盟与亚太地区大国关系》，社会科学文献出版社 2010 年版，第 110 页。

规范为基础的“策略性”平衡地区国际关系交往原则。在第二、三次印支战争，特别是“柬埔寨问题”和平解决过程中，东盟以“策略性”平衡原则开展了区域安全实践。归结起来看，东盟这一时期的区域安全实践大体呈现出如下三个特征：第一，以确保国家安全与实现区域和平为宗旨，东盟的区域安全实践虽深受冷战环境的影响，但总体上坚持了这个原则，而不以意识形态为主导；第二，以确保东盟国家在地区安全事务中的主导地位为核心，为此东盟坚持其关于地区国际关系的一系列原则和规范，以期以制度和规范来避免大国主宰地区国家命运；第三，灵活的“平衡”外交政策的运用，东盟在确定安全威胁与挑战后，以将东南亚地区构筑为“和平、自由、中立区”为目标，灵活而有策略地在地区开展国际关系往来，以期缓解地区的冷战对峙情绪，降低印支战争给国家与地区安全带来的威胁。

客观来看，东盟国家以合作的方式寻求共同应对地区种种安全威胁的设想及“策略性”平衡区域安全的实践，在冷战时期不仅避免了美苏主导地区国家的命运，而且还以规范为基础，通过“策略性”平衡对外交往，在地区局势和平实现过程中作出了显著贡献。借此，东盟也提升了其在地区国际关系中的地位。不仅如此，东盟在这一时期所积累的一系列原则、规范及国际威望，使其更有信心在后冷战时代开拓更大的影响力空间。与此同时，南海议题在“柬埔寨问题”基本获得解决的情况下成为东盟关注的另一项重要议题。随着东盟在南海区域安全实践的逐渐深入，其对该议题的兴趣日渐浓厚，在该议题上扮演的角色也越来越不可忽视。虽然地区环境发生改变，但理解东盟冷战期间在印支战争中的区域安全实践及其呈现出的特征，对客观审视东盟在南海安全及其他安全议题上的作用及理解东盟发挥作用的主要路径仍有莫大启示。

Tactic Balance: ASEAN's Regional Security Practice in Indo-China Wars

Ge Hongliang

Abstract The external threats with which ASEAN countries facing in the period of cold war mainly revealed in the 2nd and 3rd Indo-China Wars. The regional security practice of ASEAN countries are based on these two wars from 1967 - 1991. In the process of ASEAN's regional security practice, ASEAN countries set up tactic balance foreign policy on the basis of its own rules on regional security. As a result, in the practice, ASEAN countries preferred its own rules on national and regional security rather than ideology, insisted that ASEAN must be the dominant role in the process for regional peace and avoided the interference of external great powers, attempted to set up and develop strategic and tactic foreign relationship flexibly to make external great powers to play positive role in the regional security affairs and then to make the regional rival and confrontation remitted a lot. So it is concluded objectively that ASEAN's regional security practice contributed the regional peace and national security of member states and ASEAN got an outstanding international prestige due to this. With this, ASEAN continued to be an important role in the regional affairs and take more interests in those security issues.

Key Words ASEAN; Indo-China War; Cambodian Issues; Balancing Powers; ASEAN Rules

Author Ge Hongliang, Ph. D, Associate Research professor of ASEAN Studies Center, Guangxi University for Nationalities.

经济与金融

菲律宾上市公司外汇风险敏感度实证研究

——基于 Adler-Dumas 和 Jorion 模型*

唐菁菁　范利民

【摘要】本文运用 Jorion 两因素回归模型在国内学者中首次对在菲律宾证券交易所上市的菲律宾公司外汇风险暴露进行了分行业实证研究，发现菲律宾所有行业的股价都表现出与美元汇率波动高度相关，并且相关系数为负值，表明美元强势会对菲律宾企业带来不利影响。日元对菲律宾企业的影响弱于美元，但是菲律宾仍有近一半的行业表现出与日元走势显著相关。虽然新加坡元与欧元和菲律宾企业价值呈正相关关系，但是相关性并不显著。实证研究的结果表明无论从政治层面或者经济层面，美国和日本都对菲律宾有重大的影响。

【关键词】菲律宾　上市公司　外汇风险　实证研究

【基金项目】中国—东盟区域发展协同创新中心科研专项和教育部长江学者和创新团队发展计划联合资助“中菲进出口企业美元汇率风险实证研究”（BG201410）。

【作者简介】唐菁菁，广西大学商学院副教授、硕士生导师；范利民，通讯作者，广西大学商学院教授、硕士生导师，博士。

近年来，虽然中国与菲律宾的政治关系因为南海领土主权纠纷陷入僵局，但是双方的经贸关系却保持了稳步发展的势头。2015 年中菲双边贸易

* 本文感谢广西大学商学院李秋梅硕士研究生及易鑫富硕士研究生在数据搜集给予的帮助，当然，文责自负。

总额达到456.5亿美元[①]，中国已经成为仅次于日本的菲律宾第二大贸易伙伴，中菲在电子、矿产、机械设备及基础设施等行业均有着很高的互补性，中菲经贸关系的健康和快速发展对于中国“21世纪海上丝绸之路”建设无疑具有重要的经济与政治意义。

但是在人民币与菲律宾比索仍然没有实现可自由兑换背景下，汇率波动会对经贸往来过程中两国企业带来现实存在的风险。目前中国学者对中国企业在菲律宾投资与贸易的风险研究主要从政治层面来进行分析，而从微观经济视角，特别是公司视角来进行风险评估的研究比较匮乏。我们认为，从微观层面对菲律宾企业所承受的外汇风险暴露进行实证分析可以让中国企业在与菲律宾企业进行经贸往来时更清楚地了解与掌握对方的交易状态，并且更好地分析中国企业在交易中与对方企业各自承担的交易风险，为中国企业在交易币种的选择、套期保值技术的运用等提供实践上的参考，并且尽可能地让中国企业在经贸往来中处于更有利的位置。因此本文将运用目前分析企业外汇风险暴露常用的Adler-Dumas和Jorion模型，搜集了212家菲律宾上市公司的相关数据，并且相应地分析了这些上市公司对美元、日元、欧元及新加坡元的汇率变动敏感性，得到了一些具有实际意义的结论，并且希望能给中国企业与菲律宾企业进行经贸往来提供有效的参考建议。

一 理论回顾

西方国家对企业所承担外汇风险度量的研究模型很多，其中由Adler和Dumas[②]提出针对上市公司的，为解决现金流量模型所需的现金流量数据难以搜集的问题，简化上市公司外汇风险暴露度量的Adler-Dumas模型最具有代表性。Adler和Dumas用“企业的市场价值”这一概念来代替“企业将来的现金流”，将企业所承担的外汇风险定义为某种汇率单位变化引起的上市公司股票市值的变动，该模型通过对所研究上市公司股票的价格收益和相应的汇率变动进行如公式（1）的回归分析来估计外汇风险暴

① 来源于中国商务部统计数据，但是菲律宾官方统计数据为172.5亿美元，双方统计存在较大差异。

② Alder, M. and B. Dumas, “Exposure to currency risk: Definition and measurement”, *Financial management*, (13) 1984: 41-50.

露系数。

$$R_{i,t} = \alpha + \beta R_{j,t} + \varepsilon \tag{1}$$

在公式（1）中 $R_{i,t}$ 是指 i 公司在 t 时期内的股票价格收益率，$R_{j,t}$ 是指汇率 j 或者汇率指数 j 在 t 时期内的变化率，而 β 就是衡量公司受到的外汇风险暴露系数，α 和 ε 分别是截距项和随机扰动项。Adler-Dumas 模型的提出使得外汇风险可以直接与公司的股票收益率进行回归分析，通过回归系数 β 的计算来衡量公司所面临的外汇风险，在微观外汇风险的研究中具有了里程碑的意义。

但是 Adler-Dumas 模型所求出的风险暴露存在着不足之处，它包含了公司价值变化与汇率变化全部的相关性但忽略了当时与汇率变化相关的一般宏观经济因素，使之偏离真实的与现金流相关的风险暴露的分布，容易导致风险暴露估计值的短时间段样本区间表现出显著的不稳定性。因此，国外许多学者在 Adler-Dumas 模型上进行了发展，如 Jorion① 将市场收益率加入到模型当中，外汇风险暴露在模型中就是汇率波动项的系数。风险暴露系数反映了经过市场收益率调整之后，能被汇率波动解释的收益率变化。模型如下：

$$R_{i,t} = \alpha + \beta_1 R_{m,t} + \beta_2 X_t + \varepsilon \tag{2}$$

在公式（2）中 $R_{i,t}$ 是指 i 公司在 t 时期内的股票价格收益率，$R_{m,t}$ 是指在 t 时期内的市场大盘指数报酬率，而 β_1 为股价报酬率受市场组合报酬率影响的程度，X_t 为汇率在 t 时期内的变动率，β_2 就是衡量公司受到的外汇风险暴露系数，α 和 ε 分别是截距项和随机扰动项。Jorion、He 和 Ng②、Allayannis 和 Ofek③ 均采用了两因素的模型（2）对美国及日本的跨国公司进行了外汇风险测量，得到的结果却有较大的差异，Jorion④ 发现在 1971—1987 年，287 家美国跨国公司中仅仅只有 15 家公司具有明显的汇率风险暴

① Jorion, P. , "The exchange rate exposure of U. S multinationals", *Journal of Business*, (63) 1990: 331 - 345.

② He, J. and L. Ng , "The foreign exchange rate exposure of Japanese multinational corporations", *The Journal of Finance*, (53) 1998: 733 - 753.

③ Allayannis, G. and E. Ofek , "Exchange rate exposure, hedging, and the use of foreign currency derivatives" , *Journal of International Money and Finance*, (20) 2001: 273 - 296.

④ Jorion, P. , "The exchange rate exposure of U. S multinationals", *Journal of Business*, (63) 1990: 331 - 345.

露，回归系数非常小，并且回归系数在整个研究期间内不稳定。Bodnar 和 Gentry① 研究了 1979—1988 年 39 个美国、日本和加拿大的行业组合，发现有 11 个行业存在显著的外汇风险暴露。He 和 Ng② 发现 171 个日本跨国企业中有 25% 的企业在 1979—1993 年存在显著性的正向风险暴露。

目前为止，我们还未能在任何国外与国内发表的正式文献中找到单独对菲律宾企业进行外汇风险度量的论文，但是 Muller 和 Verschoor③ 利用双因素的 Jorion 模型首次对亚洲的印度尼西亚、泰国、菲律宾、新加坡、马来西亚、韩国和中国香港共 7 个国家和地区的上市公司与美元及日元汇率的相关性进行了分析，并且对公式（2）中的随机振动项 ε 的异方差性用 White test 进行了检测，其中

$$\varepsilon_{i,t} = \mu_{i,t} \times (h_{i,t})^{1/2} \tag{3}$$

$h_{i,t}$ 定义为残差的条件方差，而 $\mu_{i,t}$ 则定义为白噪声误差项，为了检测外汇风险暴露系数在时间区间的平稳性，Muller 和 Verschoor④ 把公式（2）扩展为公式（4），把公式（2）中的 t 时期扩展为 t 到 $t+T$ 时期，把 T 定义为 1，4，12 及 52 周共四组时间区间，

$$R_{i,t,t+T} = \alpha_{i,T} + \beta_{i,T} R_{m,t,t+T} + \gamma_{i,T} X_{t,t+T} + \varepsilon_{i,t,t+T} \tag{4}$$

并且最终收集了这 7 个亚洲国家和地区共 4573 家上市公司的数据对企业外汇风险暴露进行了测算，第一次全面地对亚洲国家的外汇风险微观暴露进行了研究，他们发现，当这些亚洲国家本币兑美元和日元汇率升值时，企业均可以获得较好的收益，表明美元和日元的汇率变动与这些国家和地区的企业市场价值变化呈负相关，并且从长期来看，他们发现高达 70% 的亚洲国家企业的价值会受到美元汇率变化的影响。

① Bodnar, G. M. and W. M. Gentry, "Exchange Rate Exposure and Industry Characteristics: Evidence from Canada, Japan and the USA", *Journal of International Money and Finance*, (12) 1193: 29 - 45.

② He, J. and I. Ng, "The foreign exchange rate exposure of Japanese multinational corporations", *The Journal of Finance*, (53) 1998: 733 - 753.

③ Muller, A. and W. Verschoor, "European foreign exchange rate exposure," European Financial Management, (12) 2006: 95 - 220.

④ Ibid..

二　数据说明与模型构建

我们通过对相关数据的整理与分析决定运用 Jorion 对 Adler-Dumas 模型的改进公式 $R_{i,t} = \alpha + \beta_1 R_{m,t} + \beta_2 X_t + \varepsilon$ 单独对菲律宾上市公司的外汇风险暴露进行分析，并且我们加入公司总资产、市净率、净资产回报率、营业利润率、公司财务杠杆比率作为控制变量对回归结果加以控制，以期得到更为稳健可靠的结果。

首先，$R_{i,t}$ 是公司股价在 t 期的回报率，我们把观测区间定为 2009 年 6 月到 2014 年 6 月，以每个月月末的股价作为观测值，我们通过 Datastream International 收集了在菲律宾股票交易所上市的公司 2014 年 6 月 30 日的基本财务数据，并且进行了描述性统计分析，通过表 1 可以看到菲律宾上市公司的总资产、每股净资产、市净率及每股收益的偏度表现为明显右偏，均值都大于 75% 分位数，而营业利润率的均值异常，偏度明显左偏，相关数据表现出明显存在异常值。我们根据切比雪夫法则，用 Stata 通过计算 Z 得分把测量值落在 3 个标准差范围内的数据进行了修正与剔除。最后，我们根据财务数据的描述性统计分析及数据的完整性共收集到 177 家公司 2009 年 6 月到 2014 年 6 月的股价共 10620 个观测值。

表 1　　**菲律宾上市公司基本财务数据描述性统计**

变量	均值	25%分位数	中位数	75%分位数	标准差	偏度	峰度	公司数量
总资产（百万比索）	91.1	1.73	6.89	47.7	247.1	4.5391	26.34	233
每股净资产（比索）	21.16	0.985	2.551	9.208	68.95	5.7067	39.69	233
市净率（%）	16.83	0.74	1.44	2.75	140.60	10.83	125.9	239
净资产回报率（%）	6.38	0.73	8.58	15.48	30.57	-0.142	28.34	219
营业利润率（%）	-359.9	3.04	15.28	28.76	3522.1	-12.57	169.1	213
债务资本比（%）	21.7	0	14.9	40.78	23.1	0.6520	2.095	167
每股收益（比索）	2.77	0.001	0.206	0.95	13.31	8.904	93.09	233

数据来源：Datastream International。

$R_{m,t}$ 为市场回报收益率，我们选择了菲律宾的 PSE 股票指数作为分析样本，从 2009 年 6 月到 2014 年 6 月共 60 个观测值，根据观测，PSE 指数在观测期内实现了大幅上涨，从 2009 年 6 月 30 日收盘时的 2437.99 点最高上涨为 2013 年 6 月 30 日收盘的 7070.99 点，到 2014 年 6 月 30 日收盘仍然维持在 6844.31 点的高位。

X_t 为汇率变动率，我们根据菲律宾国家统计局公布的 2014 年 6 月[①]菲律宾前十大贸易伙伴数据选择了四组汇率作为我们的观测值。

根据表 2 我们可以看到，中国在 2014 年 6 月成为菲律宾最大贸易伙伴，中菲企业在交易中使用的货币会对企业造成较大影响，考虑到人民币与菲律宾比索还不可自由兑换，交易中主要使用美元，结合美国与菲律宾的贸易数据，我们选择美元兑比索汇率作为观测样本。日本作为菲律宾最大的出口国和第三大进口国，日元汇率变动对菲律宾企业应该有较大影响，因此日元兑比索汇率我们也会进行分析。新加坡作为东盟国家中与菲律宾外贸交易金额最大的国家，在东盟国家货币中我们会选择新加坡元作为代表货币进行分析。最后，虽然单一欧盟国家与菲律宾贸易金额不大，但是欧盟作为整体仍然占菲律宾出口总额的 10.2% 和进口总额的 7.6%，因此，欧元与比索的汇率我们也会选择为观测数据。所以，我们最终选择美元、日元、新加坡元、欧元兑菲律宾比索在 2009 年 6 月到 2014 年 6 月每月月末的汇率，并且计算每个报告期汇率的变动比率共 240 个观测值。

表 2　　**菲律宾 2014 年上半年前十大贸易伙伴（按国家排列）**

顺序	出口			进口		
	国家	价值（百万美元）	比例（%）	国家	价值（百万美元）	比例（%）
1	日本	955.98	17.6	中国	809.64	17.2
2	中国	859.38	15.8	韩国	461.33	9.8
3	美国	751.68	13.8	日本	451.71	9.6
4	中国香港	487.74	9.0	美国	359.70	7.6
5	新加坡	377.97	6.9	新加坡	319.54	6.8
6	澳大利亚	256.48	4.7	沙特	274.65	5.8
7	德国	242.99	4.5	泰国	260.04	5.5

① 贸易数据观测时间选取 2014 年 6 月是为了与企业股价的样本观测时间段匹配。

续表

顺序	出口			进口		
	国家	价值（百万美元）	比例（%）	国家	价值（百万美元）	比例（%）
8	韩国	213.79	3.9	马来西亚	247.71	5.3
9	泰国	189.29	3.5	中国台湾	223.19	4.7
10	中国台湾	88.02	3.5	俄罗斯	205.09	4.3
	东盟	770.46	14.2	东盟	1099.00	23.3
	欧盟	556.51	10.2	欧盟	357.79	7.6
总计		5444.41			4715.52	

数据来源：菲律宾国家统计局网站 http：//web0. psa. gov. ph/，登录时间：2015 年 8 月 30 日。

三　实证检验

我们参考了 Muller 和 Verschoor① 以及 Aggarwal 和 Chen② 的研究，在对公司外汇风险暴露进行分析时采用的对行业进行分类的方法，对 177 家上市公司分成了 12 组，并且分别对这 12 组公司的外汇风险暴露因子进行了对美元、日元、新加坡元及欧元的回归分析，得到了如下结果。

（一）美元外汇风险暴露

通过表 3 我们可以看到菲律宾上市公司市场价值对美元汇率波动非常敏感，并且表现为显著的负相关，说明美元升值的时候菲律宾上市公司的价值将会减少，股价下跌，而美元贬值的时候菲律宾上市公司的价值将会增加，股价上升。除了非银行金融机构及电讯媒体行业，其他 8 组行业的 T 值与 P 值检验在 95% 置信区间均表现为显著，另外有两组行业在 90% 的置信区间关系表现为显著。其中受美元汇率变动影响最大的是建筑及原材料行业，外汇风险暴露系数（β_2）为 -5.0806，银行与房地产行业相对

① Muller, A. and W. Verschoor, "European foreign exchange rate exposure," European Financial Management ,（12）2006：95 - 220.

② Aggarwal, R. Chen, X. and J. Austin, "Currency risk exposure of Chinese corporations", *Research in International Business and Finance*,（25）2011：266 - 276.

于美元汇率变动的冲击较为平稳，β_2 分别为 -1.2955 及 -1.0505，并且 T 值与 P 值检验表现出股价与汇率有非常紧密的相关性。化工、采矿以及石油天然气行业与美元汇率变动的相关性较为一致，β_2 分别为 -2.2225、-2.6143及 -2.2525，并且 T 值与 P 值检验表明菲律宾能源行业受美元汇率波动的冲击较大，当美元升值时，菲律宾能源行业的市场价值会有较大的下跌。但是我们发现菲律宾旅游服务行业的公司价值受到美元汇率波动的影响最小，相关系数只有 -0.1536，P 值检验在 90% 的置信区间通过，我们通过数据推论，无论美元汇率如何波动，对菲律宾旅游业都不会造成特别大的影响。

表 3　　菲律宾上市公司美元风险暴露回归分析

名称	公司数量	市场风险系数（β_1）	外汇风险暴露系数（β_2）	标准误（Std. err）	T 值	P 值
行业一：银行业	13	0.1674	-1.2955	0.2719	-4.77	0.000
行业二：化工行业	6	0.3183	-2.2225	1.0590	-2.10	0.037
行业三：建筑及原材料	11	0.6584	-5.0806	2.1900	-2.32	0.021
行业四：电力行业	8	0.2134	-1.4937	0.3841	-3.89	0.000
行业五：非银行金融机构	30	-1.7140	-3.0307	3.1813	-0.95	0.341
行业六：食品及饮料	20	-0.0100	-0.8250	0.4903	-1.68	0.093
行业七：电讯及媒体	6	0.0861	-0.9652	1.5257	-0.63	0.527
行业八：采矿行业	17	-0.1971	-2.6143	0.3115	-8.39	0.000
行业九：石油及天然气	8	-0.1232	-2.2525	0.8327	-2.71	0.007
行业十：电脑及软硬件公司	7	-0.0541	-0.6317	0.3903	-1.62	0.106
行业十一：房地产	38	-0.2384	-1.0505	0.2027	-5.18	0.000
行业十二：旅游服务	13	-0.0382	-0.1536	0.6217	-1.69	0.091

注：限于篇幅，本文只报告了外汇风险及市场风险回归系数，公司财务控制变量的系数我们并没有报告，其他回归表格一致。

（二）日元外汇风险暴露

通过表 4 我们发现菲律宾上市公司价值与日元汇率变动的相关性相对较弱，并且除了非银行金融机构，其他所有行业的相关系数均为负值，意味着日元和美元一样，汇率走强会对菲律宾企业造成不利影响。但是经过 P 值检验我们发现只有银行、电力及石油三个行业的汇率与股价变动关系在95%置信区间表现为显著，另外化工及房地产行业的P值检验在90%置信区间表现为显著。其他7个行业的T值检验与P值检验都无法通过，说明这7个行业的股价与汇率变动并没有明显的相关性。并且除了化工行业与石油行业的外汇风险暴露系数较大，分别为－1.0731和－1.0454以外，通过显著性检测的另外三个行业电力、银行和房地产的外汇风险暴露系数均较小，其中电力行业与银行业外汇风险暴露系数分别为－0.4868和－0.3773，而房地产业的外汇风险暴露系数仅为－0.1984。

表4　**菲律宾上市公司日元风险暴露回归分析**

名称	公司数量	市场风险系数（β_1）	外汇风险暴露系数（β_2）	标准误（Std. err）	T值	P值
行业一：银行业	13	0.1069	－0.3773	0.1543	－2.45	0.015
行业二：化工行业	6	0.1942	－1.0731	0.5954	－1.80	0.072
行业三：建筑及原材料	11	0.4420	－1.0412	1.2338	－0.84	0.399
行业四：电力行业	8	0.1411	－0.4868	0.2179	－2.23	0.026
行业五：非银行金融机构	30	－1.7968	0.3527	1.7863	－0.20	0.843
行业六：食品及饮料	20	－0.0414	－0.0990	0.2755	－0.36	0.720
行业七：电讯及媒体	6	0.0658	－0.2381	0.8568	0.28	0.781
行业八：采矿行业	17	－0.2899	－0.1518	0.1808	－0.84	0.401
行业九：石油及天然气	8	－0.2466	－1.0454	0.4686	－2.23	0.026
行业十：电脑及软硬件公司	7	－0.0872	－0.2625	0.2194	－1.20	0.232
行业十一：房地产	38	－0.2822	－0.1984	0.1144	－1.73	0.083
行业十二：旅游服务	13	－0.0950	－0.4635	0.3493	－1.33	0.185

（三）新加坡元外汇风险暴露

通过对新加坡元的回归分析我们发现，新加坡元汇率变动对菲律宾上市公司的股价变动影响并不显著，12组行业中仅采矿行业和旅游服务行业在90%置信区间通过检验，并且与美元和日元回归模型的显著区别是新加坡元的外汇风险暴露系数β_2出现了较多的正值，例如在采矿行业中，β_2的值为0.7366，说明当新加坡元升值时，菲律宾的采矿行业的市场价值会增加，但是对于旅游服务行业来说，β_2 值为 -1.2978，表示当新加坡元升值而菲律宾比索贬值时，该行业的市场价值将会降低。但是从总体上来说，新加坡作为东盟国家中与菲律宾贸易最为紧密的国家，新加坡元的汇率变动对菲律宾上市公司的价值变化影响并不显著。因此我们推论，菲律宾企业对于东盟国家的汇率变动反应并不敏感。

表 5　　**菲律宾上市公司新加坡元风险暴露回归分析**

名称	公司数量	市场风险系数（β_1）	外汇风险暴露系数（β_2）	标准误（Std. err）	T 值	P 值
行业一：银行业	13	0.1435	0.3063	0.3464	0.88	0.377
行业二：化工行业	6	0.3025	0.9382	1.3382	0.70	0.484
行业三：建筑及原材料	11	0.5117	0.3287	2.7638	0.12	0.905
行业四：电力行业	8	0.1644	0.0008	0.4904	0.00	0.999
行业五：非银行金融机构	30	-1.9662	-2.5054	3.9990	-0.63	0.531
行业六：食品及饮料	20	-0.0159	0.8641	0.6164	1.40	0.161
行业七：电讯及媒体	6	0.0839	0.4850	1.9183	0.25	0.800
行业八：采矿行业	17	-0.2378	0.7366	0.4042	1.82	0.069
行业九：石油及天然气	8	-0.2150	-0.3020	1.0545	-0.29	0.775
行业十：电脑及软硬件公司	7	-0.0770	-0.0384	0.4922	-0.08	0.938
行业十一：房地产	38	-0.2418	-0.5074	0.2561	1.98	0.048
行业十二：旅游服务	13	-0.1519	-1.2978	0.7815	-1.66	0.097

（四）欧元外汇风险暴露

我们在对欧元的回归分析中发现的结论比较有趣，除了非银行金融机构以外，所有的外汇风险暴露系数均为正号，表明菲律宾企业价值与欧元汇率波动呈正向变动，欧元升值会使菲律宾上市公司股价上升，但是只有建筑及原材料行业、电力行业、采矿行业和房地产行业在 90% 置信区间表现为显著，而采矿行业的 β_2 值为 0.6327，与新加坡元的 β_2 值 0.7366 较为接近，并且 P 值检验为 0.003，通过 95% 置信度检验，说明该行业与汇率变动的关联度很紧密。但是其他行业的 T 值检验与 P 值检验均没有通过，表明欧元对菲律宾企业的影响并不大。

表 6　　　　**菲律宾上市公司欧元风险暴露回归分析**

名称	公司数量	市场风险系数（β_1）	外汇风险暴露系数（β_2）	标准误（Std. err）	T 值	P 值
行业一：银行业	13	0.1381	0.1346	0.1812	0.74	0.458
行业二：化工行业	6	0.2684	0.2339	0.7001	0.33	0.738
行业三：建筑及原材料	11	0.7374	2.4948	1.4418	1.73	0.084
行业四：电力行业	8	0.2110	0.4738	0.2554	1.85	0.064
行业五：非银行金融机构	30	-1.8170	-0.0341	2.0912	-0.02	0.987
行业六：食品及饮料	20	0.0048	0.4214	0.3223	1.31	0.191
行业七：电讯及媒体	6	0.1335	0.8034	1.0024	0.80	0.423
行业八：采矿行业	17	-0.2203	0.6327	0.2108	3.00	0.003
行业九：石油及天然气	8	-0.1813	0.1555	0.5513	0.28	0.778
行业十：电脑及软硬件公司	7	-0.0737	0.0098	0.2573	0.04	0.970
行业十一：房地产	38	-0.2500	0.2312	0.1339	1.73	0.084
行业十二：旅游服务	13	-0.0638	0.0923	0.4093	0.23	0.822

四　结论及建议

本文通过对菲律宾上市公司股价与美元、日元、新加坡元及欧元这四种主要交易伙伴货币汇率关系进行的实证分析得出以下两点主要结论：

其一，美元无疑是与菲律宾上市公司价值联系最紧密的货币，基本上菲律宾所有行业的股价都表现出与美元汇率波动高度相关，并且股价变动率与外汇汇率变动率相关系数为负值，表明当美元贬值而菲律宾比索升值时，菲律宾上市公司的股价会上升，公司的经营性现金流状况较好，相应的，当美元升值时，菲律宾公司的经营状况就会相对困难。日元仍然是与菲律宾企业价值关联度较高的货币，接近一半的行业表现出与日元汇率变动有显著回归关系，并且回归系数为负值，表示菲律宾企业也可以通过日元汇率的下跌获益。菲律宾与美国及日本在南海问题上合作对中国进行制约，我们发现在汇率问题上也有显著的体现，美元及日元汇率对菲律宾实体经济的冲击与影响反映出在政治层面上三国利益的紧密联系。而新加坡元与欧元汇率变动和菲律宾企业价值变动则呈正相关关系，行业外汇风险暴露系数基本为正值。但是显著性检验表明菲律宾企业的经营与这两种货币汇率变动的关系并不明显，只在某些特定行业会反映出来。

其二，从行业分析来说，我们发现菲律宾银行业与房地产行业公司股价受汇率波动的影响较小，相对于其他行业来说，外汇风险暴露系数都是较低的，我们判断这两个行业由于开放性较低，因此抵御汇率波动的能力较强。而采矿、石油、化工及建筑行业则表现出很容易受到汇率波动的影响，当美元和日元贬值时，这四个行业在股票市场上均会有较好的表现，而当新加坡元和欧元升值时，这些行业相对于其他行业来说也会反应更敏感，并且从升值中获益。非银行金融机构、电讯行业和电脑行业在四种货币的回归检验中均不显著，说明这几个行业的经营状况与汇率波动基本无关，或者是在我们的检验模型中变量的选择无法较好地验证两者的关系。

综合以上从所选择汇率角度和选择行业角度获得的结论我们将对菲律宾进行投资或者进行贸易往来的中国投资者企业提出如下建议：

菲律宾公司市场价值与美元呈现出非常高的负相关关系，2009—2014年当美元处于弱势时菲律宾作为新兴市场有非常优异的表现，但 2015 年以来美元日渐强势，国际资本有撤出新兴市场回流美国本土市场的预期，因此我们认为这时如果进入菲律宾证券市场将会承担较大的风险，应谨慎做出投资决策。而当欧元及其他东盟国家货币升值时，菲律宾证券市场会有相对更好的机会获得理想回报，因此，对于将要进入菲律宾市场进行直接或间接投资的企业我们建议合适的时机应该为美元贬值及欧元和东盟国家货币升值的时期。另外，菲律宾的采矿、石油、化工及建筑行业是受汇率波动影响较大的行业，与之进行贸易往来的中国企业要随时关注汇率变动的风险，当美元贬值时，这四个行业会立即表现出良好的经营业绩并在证券市场通过股票反映出来。反之，当美元升值时我们推论这四个行业相应也会承担较高的风险，与之进行贸易的中国企业也会相应被动地承担汇率波动的风险，这时无论中国企业是进口方还是出口方都应该合理地考虑交易头寸，慎重地选择交易币种，尽可能降低中方需要承担的汇率风险暴露。

概而言之，虽然我们通过模型实证检验得到了较为清晰的分析结果，但是我们考虑到所采用的模型为较简单的线性回归模型，并没用对其他可能引起股价和汇率产生影响的变量进行更详细的统计分析，所以得到的结论有可能忽略其他的一些经济与政治上的因素，我们也希望国内的学者们将来有机会可以选择更合适的变量及更为系统的模型对汇率变动与菲律宾上市公司外汇风险暴露的关系进行更进一步的研究。

An Empirical Study of Foreign Exchange Exposure for Philippine Listed Companies: Based on the Adler-Dumas and Jorion's Model

Tang Jingjing, Fan Limin

Abstract In this paper, we use the two-factor regression model of Jorion to do the empirical research first time in China about the foreign exchange exposure for Philippine listed companies and find some useful outcomes. The regression results demonstrate that the correlation between the fluctuation of US dollar and share price of Philippine listed companies is closely interrelated, the correlation coefficient for all industries is negative, which mean a stronger dollar will have negative impact on Philippine listed companies. The impact of Japanese yen on Philippines is weaker than that of US dollar, but nearly half industries in the Philippines are significantly correlated with Japanese yen. Although there is a positive correlation between the value of the Philippine listed companies and Singapore dollar as well as the Euro, the correlation is not significant. The empirical research results show that the United States and Japan have a significant impact on the Philippines both politically and economically.

Key Words Philippines; Listed Company; Foreign Exchange Exposure; Empirical Study

Authors Tang Jingjing, Associate Professor and Master Tutor, Business School of Guangxi University; Fan Limin, corresponding author, Professor, Master Tutor, Ph. D, Business School of Guangxi University.

会议与文献

“一带一路”框架下的“海丝战略”与“澜湄合作”双线运行机制建设

——2016 年中国—东盟区域发展论坛综述

陈瑶雯*

“一带一路”是“丝绸之路经济带”和“21 世纪海上丝绸之路”的简称。中国自 2013 年提出“一带一路”倡议以来，持续推动标志性项目落地，除了围绕重点方向、重大领域、重点国别及重点项目来推进实施之外，亦加强与周边国家的合作，“澜湄合作”就是当中一个合作重点。“澜湄合作”无论对于中国顺利推进周边外交，还是推进“澜湄”流域各国共同繁荣，都具有十分重要的意义。一是可以缓解中国与周边国家在跨界河流管理方面的矛盾和争端，促进政治互信，从战略上巩固与流域国家的关系，为“21 世纪海上丝绸之路”建设营造良好的政治和社会环境；二是有助于形成“河海”良性互动关系，推动南海问题的解决；三是通过“澜湄合作”，打造区域新的经济增长点。为了深入学习理解“澜湄合作”机制的重大战略思想，破解推进中国—东盟海洋合作、“澜湄合作”的理论与实践等难题，由广西大学主办，广西大学中国—东盟研究院、中国—东盟区域发展协同创新中心、教育部重大攻关项目“推进 21 世纪海上丝绸之路建设研究”课题组共同承办的 2016 年中国—东盟区域发展论坛暨中国—东盟海上合作与“澜湄合作”学术研讨会于 6 月 18 日至 19 日在广西大学中国—东盟研究院隆重举行。来自中国与东盟 9 国的 45 位专家学者参加

---

* 陈瑶雯，中国—东盟区域发展研究创新团队研究助理，广西大学中国—东盟研究院外事办公室主任。

论坛并发表演讲，中国—东盟研究院的国别所和专业所的研究人员，以及博士、硕士研究生参加了此次论坛。本次研讨会专家学者云集，对中国—东盟海洋合作以及“澜湄合作”两个议题展开了深入广泛的探讨。与会专家学者畅所欲言、各抒己见、求同存异。

希望通过政策宣讲实现中国—东盟关系信息对称。有关中国—东盟海洋合作、“澜湄合作”的信任赤字问题，柬埔寨金边皇家大学国际关系学院的 Lak Chansok 讲师从柬埔寨视角发表了个人观点，他指出“一带一路”倡议涉及全世界 55% 的 GNP、70% 的人口和 75% 的能源储备，需要中国与相关国家好的沟通，因为动作频频就会让不理解的人们不禁发出疑问：“难道中国要创造一个冷战后的影响势力范围？” Lak Chansok 指出，毁灭性的竞争会带来全输的局面：东盟与中国都不可能摆脱美国介入南海问题；东盟也必须要保证它的东盟事务中心地位，促进所谓的动态再平衡。进一步的讨论中，越南社会科学院中国研究所南海研究中心副主任裴秋贤博士提出，目前越南与中国在跨境河流的合作方面相互缺乏了解，有关信息不对称导致缺乏相互信任，造成合作不见效或没有实质进展、缺乏有效法律约束框架、中越跨境贸易与投资有明显失衡等问题，值得重视。马来西亚沙巴大学知识普及和语言学习中心的赖耀明副教授指出，南海问题使中国和东盟国家之间，特别是“澜湄合作”相关国家之间出现了信任赤字的问题，这些信任赤字使得区域合作无法较好展开。另外，不少东盟国家认为，海上丝绸之路以及“一带一路”倡议，如果没有很好的策略宣讲，很容易让外界误认为北京可能想建立区域的主导地位。诸如此类缺乏互信的行为或想法，会因为东盟相关少数国家对峙的态度变得更为严重。

希望通过双边或多边会谈解决争端。有关中国与东盟部分成员国之间南海争端问题，印尼战略与国际问题研究中心的研究员 Christine Susanna Tjhin 对近期中国与印尼频繁发生关于 IUU（非法、无报告及不受规范）捕捞冲突问题进行了总结分析。她认为，中国没有事先与印尼沟通，也没有明确相关合作项目或协议，这成为区域磋商和妥善的阻碍。她提出针对中印尼之间的 IUU 捕捞问题，印尼和中国应该共同制定与国际法能够相匹配的区域法律。印尼加札马达大学地理测量测绘学院的 Andi 讲师基于地理空间和法律视角，对南海争端进行量化分析，她认为，中国与东盟部分国家海洋合作潜在的争端，实质是九段线如何相连的问题。她提出，中国与东盟各国都希望获得海洋权益，但是在这个过程中，可以合作而不是发生争端。马来西亚沙巴大学的赖耀明副教授指出，中国近期采取了一些行动，比如发表声明、填海造地、修建基础设施、人造岛上降落飞行器，需要采取措施让东盟相关国家明白其中的政策含义。但他认为，中国在南海采取的种种行动，主要还是因为美国重新制定了重返亚太的政策，使得南海争端成为中国—东盟海上合作、“澜湄合作”的阴影。

有关如何解决南海争端问题，新加坡南洋理工大学人文社科学院的何宝钢教授认为，区域安全主义可以有助于解决南海争端，他提出亚洲区域主义可以避免一些所谓的不可避免的权力争斗，或者大国之争，能够改变同盟的逻辑，重写同盟的政治，中国可以考虑通过区域主义方法解决南海争端问题，中国—东盟命运共同体建设是一个很好的策略。中国现代国际关系研究院海洋战略研究所所长何胜研究员提出，首先应该重新冷静、客观、理性地审视南海争端问题，恢复双方战略互信；其次通过务实对接“21 世纪海上丝绸之路”倡议与东盟及其成员国的发展战略，优势互补，互利共赢；最后鉴于南海局势的高度敏感和脆弱性，双方还应该采取有效措施共同管控海上局势，避免引发新的危机和冲突。马来西亚沙巴大学赖耀明副教授建议，中国和东盟国家在有争议的水域，停止所有有争议的活动，双方马上推进并签署行为准则，可以先主要在一些比较小的、不太敏感的领域继续开展海洋合作，帮助推进中国—东盟的信任关系构建，缓解中国和东盟相关成员国之间在南海争端问题的紧张局势。菲律宾德拉萨大学国际关系学院的 Lucio Pitlo 指出，在南海争端问题中，中国与东盟国家之间要养成对话的习惯，要不断进行认真的磋商，从长远的角度看这个区域和关系。

有关如何具体推进“澜湄合作”机制方面，与会专家学者进行了深度的研讨和交流。福建省社科院亚太经济研究所所长全毅研究员提出了三点建议：一是将政治安全作为三大支柱之首；二是推出更接地气的合作举措，造福本地区的人民；三是加强政策沟通和协调，共谋区域发展大计。他指出，2016 年湄公河下游遇到了前所未有的干旱，中国通过调节水电站解决了下游的干旱问题，起到了非常好的作用。他建议，水资源合作是“澜湄合作”产生的根源，应该积极开展水资源合作，科学开发“澜湄”水电系统，建立“澜湄”水资源合作中心。云南大学国际关系研究院副院长卢光盛教授提出了推进“澜湄合作”机制建设的思路：

第一，战略层面上将“澜湄合作”机制建设提到“一带一路”早期收获的高度，将“澜湄合作”当做是“一带一路”首先取得实质性成效的一个举措，投入更多的资金、技术和资源，并且可以考虑与丝路基金、亚洲基础设施投资银行方面进行密切的合作；第二，明确将“澜湄合作”机制定位为大湄公河次区域（The Greater Mekong Sub-region，简称 GMS）合作的升级版；第三，近期可考虑重点经营与中路的老挝、泰国和柬埔寨三国的合作；第四，从敏感度低的功能性领域合作向政治安全合作逐步扩展，如从互联互通、产能合作向次区域金融合作、国际减贫合作的扩展。缅甸仰光远程教育大学副教授 Kyaw Naing 表示，缅甸当下处于新时代，国家会更加关注外来投资者，希望“澜湄合作”中油气资源、能源生产和交通物流等方面有更多的投资到缅甸。泰国朱拉隆功大学亚洲研究所副所长 Ukrist Pathmanand 教授建议，“澜湄合作”机制应该与中国的“一带一路”对接起来。柬埔寨战略研究所主席 Chheang Vannarith 研究员提出，“澜湄合作”应该将国家产业发展政策与区域生产能力合作联系起来，特别是不同的工业化步伐下的区域生产网络、供应链，基础设施的开发和中小企业发展的连接。云南社科院越南研究所所长马勇研究员认为，“澜湄合作”机制之前，这个区域已经存在多种合作机制，虽然对于加快这个区域的发展而言，多一种公共产品的提供是有益的，但是“澜湄合作”也要避免出现过度竞争的状态。他指出每一种合作机制的重点不一样，1957 年搭建的湄公河委员会，与“澜湄合作”机制关注的领域、合作的重点，实际上不完全一样。他认为让每一个机制能够发挥好它自身的独特作用，而相互之间又能形成一个互补，共同促进这个区域的发展，需要大家用一种开放、合作的心态而不是封闭、排他的态度，否则任何合作机制都走不远。越南社会科学院中国研究所南海研究中心副主任裴秋贤博士认为，国际河流水资源配置正成为世界各国、地区和民族之间竞争和引发矛盾冲突的“导火索”，各国在这个问题上互相依赖已成为新的趋势。在开发自然资源方面，共同开发水资源，尤其是共同开发国际河流总是占重要地位。如何开发利用国际河流的共有水资源，更好地满足流域内各国对水资源的需求，维护国际河流生态环境平衡？水资源的可持续发展已经成为国际区域合作的重要主题之一。处理好各国之间国际河流的水资源保护和可持续发展问题有利于加强各国之间的合作、促进区域民族的交流、增加各国的国家安全。

有关“澜湄合作”机制经验借鉴方面，商务部国际贸易经济合作研究院亚非所副主任袁波研究员指出，“澜湄合作”可以借鉴其他跨境合作的成功经验：一是上莱茵边境区经贸合作模式：包括法国的阿尔萨斯大区、德国巴登符腾堡州的上下巴登地区以及瑞士西北部的五个联邦区，集中了法、德、瑞三国的经济发达地区。建立了从国家到地方，从正式到非正式以及不同合作领域的各种机构和组织，如上莱茵地区联席会议、三国议会、边境合作区委员会、边境区域信息咨询服务中心、南部合作区理事会等。二是美国—墨西哥边境合作模式：发达国家与发展中国家之间垂直型的合作模式。20 世纪 60 年代中期，墨西哥抓住发达国家将劳动密集型产业向新兴工业化国家转移的机遇，在边境地区建立加工出口产品的自由贸易区，制定了大量有利于美国资本进入的开放政策，两国的边境合作才开始迅速发展，并逐步形成了跨边境的垂直分工体系。美墨两国于 1992 年建立的边界管理机构——边界联络委员会为两国边境合作发挥了重要作用。三是美国—加拿大边境合作：发达国家之间水平型的合作模式。密歇根州和安大略省的支柱产业都是汽车及其相关产业，两地进出口的主要产品也是和汽车制造及组装有关的交通产品，即典型的汽车产业内贸易，形成了明显的水平分工。四是东盟南增长三角（新柔廖/新马印尼增长三角）：发展中国家边境地区合作的实践；五是三国建立由部长级官员组成的合作委员会对政策性问题进行协商，协商结果由各国相关机构具体执行。南增长三角利用新加坡雄厚的资金和先进的生产技术，结合马来西亚柔佛州和印尼廖内省的丰富自然资源和劳动力，发展迅速，是东盟跨境合作中较为成功的范例。袁波研究员指出澜湄合作这样的跨境经济合作需要确定明确的发展目标和路线图，充分发挥市场的主导性作用，让参与者能够在这个过程当中实现双赢。

针对有关部分国家、民众和媒体对于中国—东盟海洋合作、“澜湄合作”现有的误解问题如何解决，与会专家也做了详细的分析总结。柬埔寨大学学术副校长 Ratana 认为教育者、研究者，应该把正确的信息传递出去，让更多东盟国家的人了解到“澜湄合作”的好处。云南社科院越南研究所所长马勇研究员指出，现在外界对中国有误解，有关国家甚至有意通过其他手段扩大这种误解：认为“澜湄合作”、“一带一路”等是中国提出来的，就只是中国受益。传统媒体、新兴媒体应该理智、理性地看待问题，引导舆论，重建互信。北京外国语大学东盟研究中心米良教授认为虽然美国声称重返亚太并不针对任何国家，但是事实上遏制中国崛起的目的掩盖不住，中国对美国的意图存有疑虑，并呼吁东盟国家在“澜湄合作”当中应该客观看待南海争端，东南亚国家今后很长时间内应该注重的是经济的发展，最迫切需要的不是搞军事，而是急切需要发展机制和关注共同诉求。泰国朱拉隆功大学亚洲研究所副所长 Ukrist Pathmanand 教授提出，作为学者，我们不喜欢争端或者是冲突。对泰国而言，尽管地理上与南海相隔甚远，但是泰国很支持“澜湄合作”，因为这与泰国的邻国有关，是东盟国家可以为之共同做出贡献的机会。他呼吁东盟国家应该理性认识“澜湄合作”机制，希望大家一起努力，一起变强，共同加深相互理解。

中国—东盟海洋合作、“澜湄合作”能否成为一个高效、可持续的合作平台，关键在于合作项目的有效落实。尽管下游国家积极推动同中国在相关领域更为紧密的合作，但下游国家的具体利益诉求和关注点却也不尽相同。中国和东盟之间不是竞争关系，而是应该在相互尊重和理解基础上，加强沟通交流，真正了解对方想法和利益诉求，携手建设更为紧密的中国—东盟命运共同体。本次论坛研讨深入，成果丰硕，必将对有效破解制约中国—东盟海洋合作、“澜湄合作”的矛盾与阻碍，推动中国与东盟国家之间宽领域、深层次、高水平、全方位的立体务实合作产生积极影响。本次会议从中国及东盟各国的专家学者们热切的交流互动中可以预期到中国—东盟海上合作取得实质性进展的美好愿景。

附：中国—东盟区域发展论坛

2016 年 6 月 18 日至 19 日，由广西大学主办，广西大学中国—东盟研究院承办的“中国—东盟区域发展论坛 · 2016：中国—东盟海上合作与澜湄合作学术研讨会”在广西大学中国—东盟研究院成功举办。近百名来自国内及东盟国家的专家学者参加了本次论坛。论坛开幕式由广西大学社会科学处处长、中国—东盟研究院常务副院长范祚军教授主持。广西大学副校长商娜红教授、广西大学中国—东盟研究院院长梁颖教授分别为论坛致开幕辞。本次论坛围绕“中国—东盟海洋合作”与“澜湄合作”两大议题进行，各国代表分别就这两个议题开展专题演讲和讨论，共同为促进中国—东盟区域发展、中国—东盟海上合作与澜湄合作献计献策。

图 1　2016 年中国—东盟区域发展论坛嘉宾合影

自 2013 年第一届“中国—东盟区域发展论坛”成功举办以来，中国—东盟研究院每年都与时俱进地对中国—东盟区域发展的热点问题展开系列讨论。中国—东盟区域发展论坛现已成功举办四届，已成为国内外的东盟领域专家学者开展学术交流，为中国—东盟区域发展建言献策的重要平台。

时事与人物

印度尼西亚的发展与中国—东盟关系

——中国驻东盟大使徐步与印度尼西亚著名实业家李文正对话实录*

近日，中国驻东盟大使徐步与印度尼西亚著名华人实业家、金融家及教育家李文正先生围绕广泛议题进行深入交流。李先生在分析当今世界形势时指出，中华民族的国运到了。徐大使对其战略远见十分钦佩。现将此次对话实录刊出，以飨读者。

图 1　徐步（右）对话李文正（左）

* 李文正，印度尼西亚力宝集团创始人、董事局主席；徐步，中国驻东盟使团团长、特命全权大使。

徐步大使（以下简称“徐”）：一走进您的办公室，我就被您丰富的藏书所吸引。我们曾在不同场合多次会面，今天很高兴能够来到您的办公室与您交流。

李文正（以下简称“李”）：徐大使到访，我非常荣幸。

从小深受进步思想影响

徐：今天我是作为后辈校友来向学长请教的。您曾就读于“国立中央大学”哲学系，我毕业于南京大学，算是您的学弟。李先生，我想首先请教您是如何辗转到南京读大学的？

李：我在印度尼西亚出生不久后被带回福建老家，6 岁时回到印度尼西亚上学。我读小学时的校长罗异天先生学识渊博，对我的人生有很大影响。罗校长曾向我介绍过关于资本主义和帝国主义的知识，也传授我很多进步思想。所以我很小的时候就知道帝国主义侵略中华民族的恶行，非常憎恨帝国主义。由于帝国主义是从资本主义发展而来的，因此我也憎恨资本主义。

我 9 岁时母亲去世，11 岁时日本侵略军占领印度尼西亚，父亲被抓走，只剩我孤身一人。当时，东爪哇玛琅县有62 位兴化乡亲组织了福建兴化同乡会，简称为“福兴会”。兴化原称兴化府，下辖莆田和仙游两个县，那里的人很会做生意，所以就有“无兴不成市”一说。福兴会由当时得到重庆国民政府认可的“复兴社”领导。日本人认为这是一个抗日组织，因此将 62 名兴化乡亲全部抓捕，并处死了会长。我父亲和我叔公都被捕入狱，直到三年半之后日本投降，我父亲才被释放。

在印度尼西亚独立革命战争期间，我因为年纪小，不易被注意到，经常到荷兰殖民军驻扎在泗水的营地附近侦查情报，并及时向印度尼西亚革命军通风报信，有时还帮革命军到泗水购买药品。当时，荷兰殖民政府计划分拆印度尼西亚，企图建立“东印度尼西亚共和国”。印度尼西亚著名华人活动家萧玉灿先生决定阻止这个阴谋，并发动东爪哇的华人学生上街游行示威，我也参与其中。荷兰人出动了军队抓捕参与游行的人，他们把我也抓了去。但在核对身份时发现，我身份证上的英文名字是 Li Mo Di，与他们要抓的“李文正”这个名字发音大不相同。这是因为我以前在登记身份证时，用的是“文正”的闽南语发音。由于名字对不上，荷兰人以为抓错了人，就把我放了。之后我仓促离开印度尼西亚去了中国。

与“中央大学”结下不解之缘

徐：那您在回中国之前就决定要去“中央大学”读书吗？

李：我叔公有一位朋友在上海做布匹生意，我离开印度尼西亚后先去投奔他。他后来介绍我去南京拜会当时国防部的吴鹤云中将。这位吴将军是我们福建同乡，算是老家出来的大人物。与他见面之后，我决定报考南京的“国立中央大学”。但我是在极度紧迫的状态下离开印度尼西亚的，匆忙中什么证件都没有带。经过好一阵子折腾，在吴鹤云中将的帮助下，我最终得以参加考试。多亏小学时在罗校长的教导下，我打下了比较好的理论和古文基础，毛笔字写得也还不错，最终得以通过面试被“国立中央大学”录取。当时报考其他学科的人都很多，而报考哲学系只有 5 个人。我对文科也感兴趣，就报了哲学系。

徐：您后来是怎样与母校再次联系上的？

李：再回南京已经是离开后 40 多年的事了。“国立中央大学”校址在南京四牌楼，我是寻着四牌楼的旧址去找母校的。到了那里就看到了东南大学。我在门口被门卫拦住了。我向他说明来意，说我以前在这里读过书，回来看看。于是门卫报告上级，结果学校领导出来见我。我与东南大学的领导谈了对世界大势的看法。我认为，《第三次浪潮》《大未来》《大趋势》《后资本主义社会》这四本书的内容其实是连贯的，讲的就是世界进入了信息化时代。我谈到美国的信息产业，指出信息产业包括两个发展方向，一个是模拟科技，一个是微电子科技。模拟科技发展出了电信行业，而微电子科技发展出计算机，最终二者共同构成了互联网。当时东南大学校长顾冠群院士就是研究这一领域的，我们谈得很投机。我向他询问学校研究有没有什么困难。他说建筑不够，于是我就捐了一座科技大楼，后来又在九龙湖校区捐资建了 52000 多平方米的图书馆，这是当时中国大学中最大的图书馆。

后来南京大学校长在香港浸会大学名誉院士授予典礼上见到我，说其实我是南京大学的校友，因为“国立中央大学”哲学系后来是并到南京大学的，我告诉他我是按照学校的四牌楼旧址去找的母校。

徐：您的一生是一个传奇，也是那个时代中国人命运的缩影。您的自传和相关文章里都介绍了不少您做人做事的理念。其中一句话令我印象深刻，您说银行不是买卖货币的事业，而是买卖信用。做人做事都要讲信用，人与人之间是如此，国与国之间也不例外。中国块头大，本来就让人害怕，现在发展又这么快，东南亚有些国家不免产生忧虑。在这种情况下，我们更需要加强与东南亚国家之间的互信。

东盟共同体发展任重道远

李：请问徐大使怎么看今后东盟共同体的发展？

徐：2015 年年底东盟宣布建成共同体。东盟共同体包括经济、社会文化和政治安全三部分，经济共同体对普通人产生的直接影响更多些。东盟如真能建成经济共同体，对地区发展以及促进与中国的关系都是好事。东盟的问题在于各国发展水平差异很大，有新加坡这样的发达国家，有马来西亚、印度尼西亚和泰国等较发达的发展中国家，也有柬埔寨、老挝、缅甸等发展较慢的国家。因此要形成统一的经济政策很难。就经济共同体而言，货物贸易自由流通已基本实现，但人员及服务贸易自由流通还远远没有做到。

李：东盟国家内部人员流动还有很长的路要走。即使在印度尼西亚国内，人员流通也存在很多困难。印度尼西亚教育和医疗方面评级机制规定，印度尼西亚的大学可以从别的印度尼西亚大学或国外大学聘请教授讲课，但这名教授不能算作本校参与评级的教授指标，而参与评级的教授必须从硕士到博士都是在本校培养的。比如，一个医学院要达到 A 级，必须有 9 位教授。那么你从别处请来的教授就不能算入这 9 个人中。在这种背景下，国立医学院占有很大优势，私立医学院的发展则困难重重。

金融领域的人才流动虽然相对宽松，但也有限制政策。如雇佣方必须提供充分材料证明某类金融人才在印度尼西亚是请不到的，才能从其他国家聘请。而且很多限制政策是没有明文规定的。

徐：像新加坡这样的发达国家，工资水平高，很多人都愿意去，但新加坡则会担心外来移民过多。所以东盟经济共同体要发展到欧盟的水平还要花很长时间。中国希望东盟经济共同体能实现生产要素更高层次的自由流通，这样有利于同东盟开展经贸和金融合作。请问您对中国企业到印度尼西亚来发展，到印度尼西亚投资有什么建议？

李：20 世纪 80 年代印度尼西亚的人均 GDP 已经达到 3000 多美元，比中国高很多。但 1998 年金融危机时，印度尼西亚人均 GDP 跌到 300 美元，现在正处于一个新的增长期。我认为，中国企业来印度尼西亚发展，首先要了解印度尼西亚的环境。总的来说，印度尼西亚有三大新趋势：

第一，印度尼西亚正面临经济全面自由开放的阶段。东盟经济共同体，不管进度如何，在法律上都是共同体。接下来，还可能有美国的 TPP。这些因素对东南亚以及印度尼西亚经济全面自由开放将形成很大推动。

第二，随着印度尼西亚经济发展，印度尼西亚中等收入阶层正在形成。印度尼西亚中产阶层已成规模，占人口很大比例，这将帮助印度尼西亚向以服务业为主导的经济转型。当前，印度尼西亚工业发展滞后，但服务业发展程度已经相当高了。

第三，印度尼西亚正进入数码科技的时代。第四次工业革命的主要特征是数码科技的发展和应用。印度尼西亚经济水平虽然不能与发达国家相比较，但在全球化背景下，数码科技的影响也很明显。

投资印度尼西亚要把困难估计足

徐：外国企业到印度尼西亚投资，通常面临哪些突出问题？

李：印度尼西亚的经济发展面临不少制约因素。印度尼西亚区域发展不平衡问题突出。雅加达的发达程度与世界上很多大城市差不多。但是雅加达 100 公里以外发展程度就大大降低，爪哇岛之外的其他地方更加落后。

前些时候，印度尼西亚政府高级官员向我咨询发展经济的建议。我说，经济竞争就是成本的竞争。在印度尼西亚工业最集中的 Cikarang 地区，一共有 6 个工业区，占地 200 平方公里。每年可生产 100 万辆汽车和 1000 万辆摩托车，还有电视等电器。但是，这里却被分为 6 个工业区，而不是合并成 1 个。造汽车用的钢材，需要从 200 公里外的地方运去。高速公路十分拥挤，运输车白天不能上路，只能晚上运，大大增加了成本。汽车的电子零部件需要从国外进口，然而雅加达港口码头浅，很多船需要排队卸货，增加了航运成本。

印度尼西亚港口的货物清关手续让人十分头痛。卸货之后需要清关，但海关那边你不给钱，他不理你。海关清关时间没有限制，如果不给钱，会拖很久。海关人员还可能把货物全部打开清点，非贿赂不可。清关后需要从码头运输到工厂，这又是个问题。打个比方说，如果用公司自己的汽车，运一次只需 100 元。但政府规定，你必须使用指定的运输公司。这样一来，运费就变成 200 元一次。各种原材料进口环节不顺畅导致不确定因素大大增加。为了保障生产，企业必须储存一个月的生产原料，这使资金成本大大上升。此外，水、电、工人工资、税收都是政府造成的高成本。所有这些导致印度尼西亚企业竞争力低下。

中国企业到印度尼西亚来，通常以为在当地所花成本低，商品售价高，钱好赚。但是实际来了之后成本会大大上升，甚至比本地企业所花成本更高，以致无利可图。在印度尼西亚土地是私有化的，老百姓听说你是一个大财团，要买一大片地，就会坐地起价。很多重大基建项目也面临这样的问题。在印度尼西亚做事必须非常小心，一定要悄悄地做。

我开发的力宝村（Lippo Village）土地面积有 3000 多公顷。其实，这块地不是我买的。而是 20 世纪 90 年代经济不景气和金融危机时期，客户无法偿还我银行的贷款，抵债给我的。我在 Cikarang 附近有一块 5300 多公顷的土地，在茂物还有 3400 多公顷的土地，都是那个时候通过这种方式获得的，并非是我要存心囤地。当时我也没有想到现在土地价格会涨得这么高。之前买地比较容易，但是却搞不起开发，资金都被利息吃掉了。当时土地对我们来说也是累赘，卖不出好价钱，只好想办法来开发。所以我是被逼上梁山的。我曾经去深圳考察，得到的启示就是开发区必须自身有经济动力，否则就不可持续。

发展的关键是要有好制度

徐：您在印度尼西亚开银行、办医院、建学校，既是金融家，也是教育家，对此我十分钦佩。我知道您在中国内地进行了大量投资，在不少高校捐建了教学楼和图书馆，对中国的建设与发展作出了贡献。

李：徐大使过奖了。中国的发展得益于中国的制度培养了一支非常好的干部队伍。中国的各级领导干部都有很强的使命感和责任感，这在世界上是很少见的。中国过去 30 多年快速发展，可谓“全民动员”，大家一起干。例如我的老家莆田，当年台商在那里投资建设制鞋厂，当地政府便想办法动员上游原材料企业也来莆田投资建厂，从而形成了完整的产业链，大大降低了制鞋企业的成本。相比之下，印度尼西亚很多政府官员没有这样的自觉性，工业也不集中不配套，导致运输等成本很高。所以中资企业来印度尼西亚，必须认清印度尼西亚的高成本经济，不可以把在中国的做法完全照搬过来。印度尼西亚政府曾向我请教如何发展经济，我建议他们向中国学习。1978 年邓小平提出改革开放政策，所产生的巨大能量令世人惊叹。

徐：中国全面实施改革开放是在 1992 年邓小平南行讲话之后。邓小平为中国的发展道路指明了方向。

李：我常思考一个问题，这个问题中国很多人可能也没有关注过，就是邓小平为什么不从上海开始改革开放，而要选择深圳。我认为这是因为中国要建立市场经济，是个新生事物，需要全新的思想。上海作为中国的老工业中心，人们的传统观念根深蒂固，很难改变。深圳则是一张白纸，而且靠近香港，可以发展与香港配套的产业。于是门一开，资本就流进来了。

中国的改革开放进程其实是很小心谨慎的。先从深圳这一个点开始，成功了之后再逐步扩展到珠海、汕头、厦门，之后是青岛、天津，最后是上海。待东部沿海地区开放后，再逐步向内地推进。我对印度尼西亚官员

图 2　徐步（右）、李文正（左）合影

讲，作为一个拥有十几亿人口的大国，中国在1990年的外汇储备只有几亿美元，是多么穷。而如今，仅深圳就取得了如此巨大的发展成就。所以，大国进行经济建设，可以从一个点入手，而不是一开始就要全面开花。可以先以点带面，再全面发展。

中华民族的国运到了

徐：中国改革开放的成功实践不是一件容易的事情。印度尼西亚的国情很不同，宗教、文化、社会与国民性格与中国有很大区别。中国的经验恐怕很难被印度尼西亚复制。

李：我认为中国今天的成功，要归功于毛泽东和他领导的中国共产党。毛泽东这一代领导人彻底砸碎了旧中国的枷锁，从根本上解放了中国人的思想，给新中国的发展带来了生机，也为中国后来改革开放的成功打下了基础。

东方有两大文明古国，一个是印度，一个是中国。四年前在达沃斯论坛上，印度宣传自己发展有多好，我很好奇，于是就去了新德里。我是在黄昏时候抵达新德里的，机场内十分昏暗、混乱。出了机场，也没有高速公路，到处都是乱糟糟的。酒店倒是很好。但是在市区内主要大街的人行道旁边，到处搭着塑料布棚子，这就是很多穷人生活的地方。孩子们身上满是尘土，连树上的叶子也沾满了厚厚的灰尘。据说新德里市中心有一个上百万人的贫民窟，那里厕所奇缺，可见环境是多么恶劣。第二天我去泰姬陵，道路条件也很差。

我就在想，在美国的大学中，有很多来自印度的高才生，在新加坡、中国香港有很多出名的医生、律师、银行家也都是印度人，为什么这么多有智慧的印度人，却没有发展好他们的国家？因为没有人告诉他们这个国家的道路应该怎么走。印度社会将人们划分为4个种姓，造成了阶级捆绑、文化捆绑，很多地主、恶霸占领了土地和资源，使印度民众没有办法翻身。

我六岁前一直在中国，当时正是中国军阀混战的时期。我家住在公路旁边，南军、北军来来往往都要经过那里。每一次军队来了，百姓都要躲进山里，不然就会被抓去当壮丁，家里的财物也会被洗劫一空。当时军队和土匪没什么两样。军队不来了就怕土匪。为了抵抗土匪，村子里成立了保安队，都配有枪。军队和土匪都不来了，就会害怕警察。警察不来了，又要害怕恶霸。所以中国如果没有共产党，今天不知道会糟糕成什么样子。当年国民党拥有 300 万美式装备的军队，却被共产党打败了，就是因为不得人心。地主和恶霸太可恨了，经过“三反五反”，这些人都被消灭了。如果这些人不被消灭，改革开放就不可能实施，也就没有今天的中国。这些可能是年轻人没有办法体会的。我观察得出的结论是，中华民族的国运到了。

徐：您对中国的发展分析得非常透彻。中国能有今天的成就，就是因为中国共产党和毛泽东改造了中国人的思想，就是因为中国人民找到了适合自身国情的发展道路。我完全赞同您的看法，中华民族的国运到了。美国和西方国家有些人很难摆脱殖民主义思维，总希望发展中国家对他们唯命是从。他们不愿意看到中国发展，所以想方设法诋毁中国共产党，大肆抹黑中国的发展道路。

美国人对中国的看法有偏见

李：在 20 世纪 80 年代，我在美国阿肯色州并购了当地最大的一家银行。当时阿肯色州的州长是比尔·克林顿，我的银行负责包销他们的州政府公债，希拉里·克林顿是我们银行的法律顾问。我们成为了很好的朋友。有一次我们一起吃饭，我跟克林顿说，“比尔，你会成为美国第一号人物”。克林顿问我为什么。我说从三个方面可以看出来：第一，你每天跑步 10 公里。第二，你每两天看一本书。第三，你有非常强的沟通能力。

后来克林顿当上美国总统，并邀请我参加了他的就职典礼，还在白宫招待我。当时，他问我作为总统，应该抓些什么重点。我说，里根已经把美国的国库用光了，您必须充实国库，搞好经济。克林顿说，这个我知道，但是应该怎么做呢？我说，应该和与美国在经济上互补性强的国家合作，而不是找与美国竞争性强的国家合作。欧洲、日本与美国产品竞争。美国应该找中国，因为中国与美国互补性强，中国需要技术、资金，而美国需要中国的劳动密集型产品。

克林顿说，我不能与中国合作，中国没有人权。民主党是最反对与没有人权的国家合作的。我问他，你怎么知道中国没有人权。克林顿说从西藏就可以看出来。我又问他，你去过西藏没有？你有没有读过与西藏相关的书籍？克林顿说没有。我说，既然都没有，你怎么就断定西藏没有人权？美国建国约300年，黑人是什么时候才有的选举权？妇女得到选举权又是什么时候？

我说，如果想要了解西藏，需要了解在解放前西藏有多少学校、有多少公路，而现在有多少；需要了解现在西藏妇女的生活和过去相比有什么变化；需要了解过去西藏有没有电，现在有没有电。这样才能看到西藏的发展。西藏正处于发展的过程中，我们要接受发展是有一个过程的事实。

徐：我相信后来克林顿对中国态度的转变与您的开导有很大关系。

李：老子说，合抱之木，生于毫末。社会发展如此，人的成长也是如此。不可能没有过程就产生结果。1986年，我代表印度尼西亚中央银行到中国洽谈通汇协议。当时，我对我的好朋友林绍良讲，时机到了，中国和印度尼西亚该复交了，我们要予以推动。我请老林去做苏哈托总统的工作。苏哈托骨子里非常排华，但他两个最好的朋友却是华人，其中一个就是林绍良。我劝老林负起这个责任。林绍良就跟苏哈托总统讲，中国已经改革开放了，我们应该与中国复交。苏哈托决定让林绍良作为印度尼西亚工商会馆代表出面去推动此事。未复交、先通商，第一步就是通汇。由于印度尼西亚央行还不能去，所以要先建立民间的合作。

为中国的改革开放献计献策

李：当时我作为印度尼西亚亚细亚银行的总经理来到中国。叶飞副委员长以福建老乡的身份在人民大会堂请我吃饭，问我对中国实行改革开放政策的看法。我针对当时中国的经济状况列出了五个问题：一是，中国的劳力价值和物资价值背离。比如，深圳一名工人工作30几个月的工资，才能买一台黑白电视机，而香港工人一个月的工资就能买一台电视机。二是，脑力价值与体力价值背离。三是，物资价格与物资价值背离。四是人民币价格与价值背离。五是，法律与人性背离。

叶飞本来面带微笑，听我说完便一脸严肃。我说完就后悔了，责怪自己多喝了几杯酒就开始胡说八道。我当晚回酒店之后一直惴惴不安。第二天，我在酒店接到叶飞的电话，他约我再见一面。我当时就想，坏了，是不是要抓我去公安局。当时车已经停在酒店门口了，我也只好上车。到达目的地，我才知道我被送到了北京大学的一个会议厅，里面有20多人，包括叶飞和当时担任北大副校长的罗豪才。后来我被告知他们都是邓小平改革开放政策的顾问。叶飞要我把我昨天讲的“五个背离”重新讲一遍。

我不清楚在座的人能否接受我的观点，担心冒犯他们，讲的时候在用词上较为谨慎。我特意改变了一下顺序，先讲脑力价值与体力价值的背离。这个说法来源于马克思的《资本论》。恩格斯举过一个例子，说有一个工厂由于机器损坏，5 天都没能修好。后来他们请了一个技术工人，一个小时就修好了。这个修理工要 5 英镑的酬劳。工厂主认为一个普通工人一个月才挣 5 英镑，你一个小时就挣 5 英镑，很不合理。修理工说，如果不是我一个小时修好了机器，工厂将遭受更大的损失，我作出的贡献远远大于普通工人一个月的工作。这个例子是恩格斯对马克思理论的一个论证。我说中国就是在这个问题上产生了扭曲，无法发展。这就是为什么需要让一小部分人先富起来。因为我的理论来源于马克思主义，而不是西方的资本主义，所以在场的人听起来都比较容易接受。

中国不会落入“中等收入陷阱”

徐：您对世界发展的大趋势有深刻的见解。您如何看美国经济的走势，美国国力是否在衰退？

李：我认为这个问题要放到当今世界发展趋势中去看。世界已进入数码科技时代。如今，我们看美国排在前列的上市公司，已经不再是埃克森、通用等企业，而是互联网科技等新兴产业。

这里我要谈到另外一个问题，当前很多人都在质疑中国是否会陷入“中等收入陷阱”。所谓中等收入陷阱，指的是当一个国家 GDP 发展到 5000 至 10000 美元的时候，由于劳动力成本上升，原有的劳动密集型产业难以同其他新兴国家竞争，同时经济结构又未能达到发达国家水平，导致经济增长动力不足，最终出现经济停滞的状态。但是，我们看现在中美之间的对比，可以发现中国的情况与曾经陷入“中等收入陷阱”的国家大不一样。中国的互联网企业与高新技术产业已经在世界上处于领先地位，可与美国并驾齐驱。美国有 Google，中国有百度、腾讯；美国有 Amazon，中国有阿里巴巴；美国有 GPS，中国有“北斗”系统，中国还有“蛟龙”潜水器、长征七号运载火箭等；美国有思科（Cisco），中国有华为、中兴。过去思科多次控告华为、中兴窃取其核心技术，但后来官司没打赢，转而与华为、中兴搞合作。美国通常的做法是，如果我打不过你，那么就做你的朋友，这是实用主义理念。

电子产品中最核心的部件是芯片，过去大部分芯片都是美国 Intel 公司生产的。传统芯片的原料是硅，其问题是会发热。现在华为已经在实验室研制出了新的技术，不使用硅作为原料生产芯片，而是用石墨烯，本质上讲就是碳。这种材料不会发热，而且有很强的延展性。可以说，中国已经跟上了时代发展的趋势，与美国的经济和科技差距在缩小，经济结构升级的技术基础已经具备。正因此，我认为中国不会陷入“中等收入陷阱”。

当然，中国也面临一定的困难。2008 年金融危机后，为带动世界经济增长，中国推出了 4 万亿元的经济刺激计划，这带来大量基建和产能投资，造成中国部分产业产能过剩。中国需要逐步将这些产能转移到东南亚等新兴市场国家，如这一步顺利完成，中国将较好地实现经济结构转型。回到你的问题上，我认为美国并没有衰退，美国还在向前走，只不过过去是鹤立鸡群，现在中国在以惊人的速度赶超，美国的优势不明显了。（王泽亮、谢匡天　整理）

徐步大使与李文正先生对话后记

李文正先生是印度尼西亚十大富豪之一。他祖籍福建莆田，1929 年生于印度尼西亚玛琅。他领导的家族企业力宝集团（Lippo Group）总资产超过 200 亿美元，是一家以金融和实业投资为主的全球 500 强企业。力宝集团旗下有 40 多家公司，生意遍及东南亚、美国、中国内地和香港。其创富经历和经营之道极富传奇色彩，曾被《亚洲金融》杂志称为奇迹的创造者。

善抓机遇，敢打敢拼，讲究信用，这是李文正先生的成功之道。热心慈善，关心教育，是他回馈祖籍国的方式。自 20 世纪 80 年代以来，李文正先生先后为福建莆田学院、东南大学、厦门大学和清华大学捐建过教学大楼、科技大楼和图书馆等教育和科研设施，为祖籍国教育事业发展作出了积极贡献。

李文正先生虽已是八十七岁高龄，但仍然西装笔挺，精神矍铄。在 3 个多小时的对话中，李文正先生活跃敏捷的思维、与时俱进的精神，以及他对中华民族历史的深刻思考和对世界大势的独到见解，处处闪耀着智慧的光芒，给人启迪，令人钦佩。（徐步　中国驻东盟大使）

附　录

中国—东盟区域发展协同创新中心简介

中国—东盟区域发展协同创新中心由广西壮族自治区人民政府主导，联合中共中央对外联络部、外交部、商务部、中国农业银行，由广西大学牵头，协同国内外重点高校、重要科研院所共同组建。中心以打造“国家急需、世界一流、制度先进、贡献重大”的中国特色新型高校智库为目标，致力于发展中国—东盟领域政治、经济、国防、外交等重大问题的合作与创新研究，培养“东盟通”特殊人才，服务“一带一路”等国家战略。

图 1　中国—东盟区域发展协同创新中心组建签约仪式

中国与东盟的合作虽然取得了巨大的成就，但随着外部环境和外生因素的变化，新问题也层出不穷，严重影响和制约着中国与东盟国家在政治和经济领域的合作与发展。为加强对中国—东盟区域发展重大理论与实践问题的综合研究，为中国—东盟命运共同体建设、中国—东盟关系发展提供理论支持、政策咨询和人才支持，中心于 2015 年 3 月 15 日在北京举行了第二轮组建签约。

第二轮组建签约后的中国—东盟区域发展协同创新中心由 28 个单位构成。主要包括牵头单位广西大学，核心单位 10 家（云南大学、暨南大学、南开大学、对外经济贸易大学、西南交通大学、中国人民解放军国防大学战略研究所、中国社会科学院亚太与全球战略研究院），支撑单位 6 家（外交部亚洲司、外交部政策规划司、商务部亚洲司、商务部国际贸易经济合作研究院、中共中央对外联络部当代世界研究中心、广西壮族自治区人民政府办公厅），成员单位 11 家［南京大学商学院、外交学院亚洲研究所、中央财经大学金融学院、中国人民大学国际关系学院、厦门大学东南亚研究中心、中国—东盟商务理事会、安邦咨询公司、东中西区域改革和发展研究院、广西国际博览事务局（中国—东盟博览会秘书处）、广西金融投资集团、中马钦州产业园区管委会］。

中心依据《理事会章程》要求，围绕中国—东盟命运共同体间“讲信修睦”、“合作共赢”、“开放包容”的建设目标，秉承“精简、高效”的原则，实行理事会领导，学术委员会对学术问题把关的中心主任负责制。目前，中心共有 49 支共 229 人的研究团队，分别由协同创新中心主任、首席科学家担任主要负责人，分布在 10 个协同创新平台中。发展培育期间，中心已产出了 200 多项应用成果和 400 多项高水平理论成果。这些成果均具有重要的经济和社会效益，为政府制定有关中国—东盟区域发展的重大项目决策提供了理论依据和支持，也为我国现代化建设、经济理论创新和话语体系构建做出了贡献。

中国—东盟区域发展协同创新中心的建设，将以国家和东盟区域发展的重大需求为导向，以中国—东盟全面战略合作伙伴关系发展中的重大协同创新研究任务为牵引，以服务中国—东盟区域发展实践和理论创新重大需要为宗旨，提升科研、学科、人才“三位一体”创新能力，优化国际问题研究全方位创新环境，努力将中心建设成为集科学研究、学科建设、人才培养、智库建设、体制创新于一体，世界一流的区域发展理论创新高地、政策咨询智库和人才培养基地，打造中国高校特色新型智库，使中国—东盟区域发展协同创新中心成为具有国际重大影响的学术高地。

发展目标

中国—东盟区域发展协同创新中心的建设，将以国家和东盟区域发展的重大需求为导向，以中国—东盟全面战略合作伙伴关系发展中的重大协同创新研究任务为牵引，以服务中国—东盟区域发展实践和理论创新重大需要为宗旨，提升科研、学科、人才“三位一体”创新能力，优化国际问题研究全方位创新环境，努力将中心建设成为集科学研究、学科建设、人才培养、智库建设、体制创新于一体，世界一流的区域发展理论创新高地、政策咨询智库和人才培养基地，打造中国高校特色新型智库，使中国—东盟区域发展协同创新中心成为具有国际重大影响的学术高地。

● 科学研究

世界一流的区域发展理论创新高地。中共中央对外联络部、外交部、商务部和广西壮族自治区人民政府的共同支撑将在科研上体现创新。建立知识创新机制、体制创新机制，营造有利于协同创新机制形成的环境和氛围，打造中国高校特色新型智库。

● 学科建设

建成中国—东盟区域发展国家特色学科。在研究的过程中，中心将凝炼学科方向、汇聚学科队伍，构筑学科基地，制定学科建设规划，创新研究成果，形成新学科课程基础，有计划地举办全国或国际学术会议、接受国内外同行研究人员参与相关项目研究，发挥对外学术交流窗口作用，努力将创新中心建成本学科的全国学术交流和资料信息高地。

● 人才培养

国际知名的创新型人才培养基地。“7 校 2 院、2 央企”的协同机制，并有 5 所高校作为成员单位加入，实现人才培养“需求与供给”对称，可以建立跨国家、跨学科、跨学校、跨领域的人才培养平台。

● 智库建设

国际著名的中国特色新型智库。中国—东盟区域发展协同创新中心科研团队的组建涉及党、政、军、学、研、企各行业，既有理论研究人员，又有实践部门的案例支持，科研成果的决策应用性将更加突“政、产、学、研、用”一体化。机制创新、制度创新作为协同创新中心建设的关键，可以为人文社科领域科学研究开设试验田，在探索高等学校科研体制改革方面发挥示范和辐射作用。

代表性成果

协同机制建立以来，中国—东盟区域发展协同创新中心的牵头单位和协同单位共承担东盟研究领域的各级科研项目 316 项，其中，国家社会科学基金项目 55 项，国家自然科学基金项目 24 项，中央部委课题委托 55 项；产出学术著作 191 部，学术论文 837 篇；200 多项应用成果为党和政府采纳；取得获奖科研成果 63 项。

平台与研究团队集成

中国—东盟区域发展协同创新中心围绕“讲信修睦”、“合作共赢”、“守望相助”、“心心相印”、“开放包容”的中国—东盟命运共同体目标，加强 10 个创新平台建设。协同机制形成后，将集中形成 6 个研究团队。这 6 个研究团队集成，共有 49 支研究团队，分别由协同创新中心主任、首席科学家担任主要负责人，分布在 10 个协同创新平台。

“中心”打破协同单位原有界限，实行“校校协同”、“校院协同”、“校所协同”，以课题和任务为纽带，形成“你中有我、我中有你”的紧密型合作。为了充分调动协同单位的积极性和创造性，增强责任感，充分发挥协同高校在基本理论研究、人才培养、学科建设方面的优势，中共中央对外联络部、外交部、商务部和广西壮族自治区人民政府、中国社会科学院在科学研究、政策咨询方面的优势，以及中国农业银行、国家开发银行在现实案例、数据库建设方面的优势，因此我们对各协同单位在建设中的分工都有所侧重。

广西大学中国—东盟研究院简介

广西地处中国面向东盟开放的前沿地带，具备与东盟国家陆海相邻的独特优势，正积极构建面向东盟的国际大通道，打造西南、中南地区开放发展新的战略支点，形成“一带一路”有机衔接的重要门户。习近平、李克强等党和国家领导人曾多次作出重要指示，肯定广西在中国—东盟合作中的重要地位，并明确要求广西要积极参与中国—东盟自由贸易区、泛北部湾合作、GMS 次区域合作，充分发挥中国—东盟自由贸易区前沿地带和“桥头堡”作用。2005 年，时任自治区党委书记刘奇葆作出指示，“要加强对东盟的研究，找到合作的切入点，认真做好与东盟合作的战略规划，提出行动计划”。时任自治区党委副书记潘琦、时任自治区人民政府常务副主席李金早批示，批准广西大学联合广西国际博览事务局，整合全区高校和相关部门的研究力量，在原广西大学东南亚研究中心（1995 年成立）的基础上，成立中国—东盟研究院，为正处级独立建制，以东盟经济问题为切入点，研究中国—东盟双边贸易以及 CAFTA 建设中的重大理论、政策及实践问题，并在此基础上辐射至中国—东盟关系研究。

2005 年 1 月中国—东盟研究院成立时，下设中国—东盟经济研究所、中国—东盟法律研究所、中国—东盟民族文化研究所，主要研究方向涉及中国—东盟关系及东南亚国家的经济、法律、文化及民族等方面的问题。为适应中国—东盟关系的发展变化，2011—2013 年中国—东盟研究院进一步细化研究领域，强化研究深度，调整运行架构，将机构设置增加、调整为 10 个国别研究机构（越南、缅甸、老挝、泰国、文莱、新加坡、马来西亚、印度尼西亚、菲律宾、柬埔寨 10 个国别研究所）和 10 个专业研究机构（中越经济研究院、广西大学“21 世纪海上丝绸之路”研究中心、澜沧江—湄公河经济带研究中心、中国—东盟产业发展与生态环境研究中心、国际关系研究所、民族与文化研究所/骆越文化研究中心、法律研究所、中马产业园研究中心、中国—东盟战略研究所、中国—东盟财政金融政策研究中心)，并启动建设中国—东盟研究国际在线研讨平台和中国—东盟全息数据研究与咨询中心，强化科研基础设施建设。

2013 年 6 月 1 日，中共中央委员、广西壮族自治区党委书记、自治区人大常委会主任彭清华同志就中国—东盟重大课题研究和中国—东盟研究团队、研究机构的建设与发展作出重要指示：“广西大学中国—东盟研究院，在高校里很有特色，有独特的地位。广西在中国—东盟关系里面，不管是一个桥头堡还是一个开放前沿，都有一个独特的区位优势，我们把广西大学中国—东盟研究院办好，加强科研团队建设，有利于更好地发挥广西在发展中国—东盟合作关系中的作用。中国—东盟研究团队多年来积累了一些研究成果，对我们今后更务实、有效地改进中国—东盟、广西—东盟的关系很重要，希望继续把它做好。”

近年来，中国—东盟研究院以“长江学者”、“八桂学者”为重点目标，以“特聘专家”等方式引进国内外高校及研究机构的科研骨干，跨学科交叉组建研究团队。经过长期建设发展，中国—东盟研究院已成为全国从事东盟领域研究人数最多的机构之一：现有优秀科研人员共 121 人，其中专职人员 42 人，校内兼职人员 79 人（科研管理与考核在研究院，教学在其他学院），教授（研究员）共有 45 人，专职人员中拥有国家“百千万”人才工程人选 1 人、国家级有突出贡献中青年专家 1 人、教育部“新世纪优秀人才”2 人、“八桂学者”1 人、广西新世纪“十百千”人才工程第二层次人选 3 人、享受政府特殊津贴专家 2 人、广西高校百名中青年学科带头人 4 人、广西高校优秀人才 3 人。校内兼职人员中，院士 1 人、长江学者 2 人、中国科学院百人计划人选 1 人、全国教学名师 1 人。校外兼职研究人员 61 人，国外合作研究人员 9 人。

目前，中国—东盟研究院作为“自治区人文社科重点研究基地”，牵头建设中国—东盟区域发展协同创新中心，实施“中国—东盟战略伙伴关系研究‘部、省、校’协同创新工程”，争取“中国—东盟区域发展协同创新中心”进入国家级协同创新中心行列。在此基础上，中国—东盟研究院拟申报“教育部人文社会科学重点研究基地”，未来将为中国—东盟关系领域的全面研究提供更广阔的平台。

广西大学中国—东盟研究院立足地缘和区位优势，研究中国—东盟双边贸易以及 CAFTA 建设中的重大理论、政策及实践问题，在国内乃至东盟国家有重要影响。以广西大学中国—东盟研究院为主要建设载体的“中国—东盟经贸合作与发展”211 重点建设学科群已经成为广西该领域独占鳌头的强势学科，主要学科（专业）建设或研究方向已经达到国内领先水平。

1. 中国—东盟关系发展战略、合作机制与规则研究

以教育部重大攻关项目“推进一带一路海上丝绸之路建设研究”，国家社会科学基金项目“中国—东盟关系中政治与经济互动机制研究”、“《东盟宪章》、《东盟经济共同体蓝图》等文件生效后的中国—东盟合作关系研究”等国家级项目为研究平台，以中国—东盟自由贸易区（CAFTA）发展进程为主线，涵盖中国—东盟合作及影响因素（涉及地缘关系与政治、经济、民族文化、管理等方面）、中国—东盟自由贸易区（CAFTA）推进策略、CAFTA 各成员国国别政策研究、中国—东盟关系发展趋势、南中国海问题等。该研究方向涉及政治学、经济学、法学、管理学、文学等五大学科门类 11 个二级学科，突出学科交叉协同研究的组合优势，研究成果直接服务于中国—东盟关系发展战略的制定与实施。

2. 中国—东盟经贸合作与区域经济一体化研究

以教育部哲学社会科学研究重大课题攻关项目“中国—东盟区域经济一体化研究”、国家社会科学基金重点项目“中国—东盟旅游与贸易互动关系研究”、国家社会科学基金项目“中国—东盟自由贸易区成员国宏观经济政策协调理论研究”、“中国西南地区与东盟区域农业合作研究”等国家级项目为研究平台，将主要研究中国—东盟经贸合作细分领域、合作策略、推动战略，研究中国—东盟区域经济一体化进程及影响因素，研究解决中国—东盟区域经济一体化建设的理论关键问题以及理论和实践相结合的现实问题。该研究方向是广西大学东盟研究领域传统优势的再持续，涉及应用经济学、理论经济学、国际关系学等多个学科，突出多校联合和部校联合的创新协同优势，研究成果直接服务于中国—东盟自由贸易区的推进和深化、中国—东盟博览会、中国—东盟商务与投资峰会。

3. 中国—东盟产业合作、资源综合利用与生态保护研究

以国家社会科学基金重大项目“CAFTA 进程中我国周边省区产业政策协调与区域分工研究”、国家自然科学基金项目“自由贸易与跨境通道对地缘经济区的重塑——基于C-P模型的实证研究”等国家级项目为研究平台，研究中国—东盟产业合作与协调的相关政策、产业分布与资源要素禀赋、产业成长与资源综合利用以及与之相关的环境生态等问题。本研究方向特色在于文、理、工、农多学科交叉，实现自然科学与社会科学的有机结合。本研究团队汇集了院士、长江学者、八桂学者等高端人才，横跨文科与理工科两大截然不同的领域，证明人文社会科学与理工农科相结合确实能够实现效益倍增，科研成果充分体现部、省（自治区）、校协同研究服务地方经济发展的协同创新优势。

广西大学中国—东盟研究院获得全国东盟研究领域第一个教育部哲学社会科学研究重大课题攻关项目和第一个国家社科基金重大项目，开创了广西人文社会科学研究的里程碑，成为中央有关部委、自治区党委、政府及其相关部门、地方各级党委、政府的重要智囊单位，研究成果或入选教育部社会科学委员会专家建议、中共中央对外联络部、教育部内参和成果摘报，或获得党中央、国务院和自治区主要领导批示，在学术界和社会上有较大的影响，研究成果居国内领先水平。

展望未来，中国—东盟研究院将本着跨学科、跨区域、跨国家的开放式研究平台建设思维，整合国内外该领域研究力量，创新科研团队形成机制，融合政治学、历史学、民族学等多个边缘学科，研究中国—东盟关系问题、并扩展到跨国界区域性国际经济合作理论与实践问题。“中国—东盟区域发展”作为应用经济学一级学科的新设二级创新学科，以博士点和硕士点建设为契机，以“中国—东盟关系与区域发展”作为研究对象，试图形成完整的中国—东盟关系研究多学科互动研究体系，使本研究团队的理论研究具有前沿性、基础性、支撑性。

《中国—东盟研究》征稿启事

《中国—东盟研究》系由中国—东盟区域发展协同创新中心主办、广西大学中国—东盟研究院承办，国内外知名专家组成编辑委员会，中国社会科学出版社出版，面向国内外公开发行的学术出版物。为将其创办成为具有鲜明特色、兼具权威观点，在国内外具有一定影响力的学术出版物，现面向国内外从事相关领域研究的学者们征稿。

一、来稿要求作者严格遵守学术规范，引用的文献、观点和主要事实要注明来源。独著或第一作者原则上须具有副高及以上职称或具有博士学位。来稿一般不超过 15000 字为宜。来稿一经录用，我们将视情给予稿酬。

二、为规范排版，请作者在投稿时一律以 WORD 格式，严格按照以下要求：

1. 论文要求有题名（中英文）、内容摘要（中英文、200 字以内）、关键词（中英文、3—5 个）、作者简介（中英文）。

2. 基金项目和作者简介按下列格式：

【基金项目】：项目名称（编号）。

【作者简介】：姓名、工作单位、职称、学位。

3. 文章一般有引言和正文部分，正文部分用一、（一）、1、（1）编号法。插图下方应注明图序和图名。表格应采用三线表，表格上方应注明表序和表名。正文为五号宋体，题目三号宋体加粗，一级标题四号宋体加粗，二级标题小四宋体加粗，行间距 1.25 倍行距，脚注小五号宋体。

4. 引文注释均采用页下注（脚注）形式列出，参考文献不再列出。一般应限于作者直接阅读过的、最主要的、发表在正式出版物上的文献，具体参见附件：“《中国—东盟研究》引文注释规范”。

三、文责自负。凡投稿二个月内未接到任何采用通知，作者可另行处理。切勿同时一稿多投。

四、本刊实行匿名评审制度，确保论文质量。

五、在尊重原作的基础上，本刊将酌情对来稿进行修改，不同意者请在来稿中说明。

六、未尽事宜由《中国—东盟研究》编辑部负责解释。

投稿电子邮箱：zg-dmyj@ gxu. edu. cn

联系电话：0771 -3234354

联系人：何欢 甘若谷

《中国—东盟研究》编辑部

2017 年 1 月 1 日

附：《中国—东盟研究》引文注释规范

1. 中文注释

对所引用的文献第一次进行注释时，必须将其作者姓名、文献名、出版社、出版时间、所属页码一并注出。再次引用同一文献时，著作只需注明作者姓名、文献名和页码，论文则仍需完整信息。具体格式如下：

（1）专著

王子昌：《东盟外交共同体：主体及表现》，时事出版社 2011 年版，第 109—110 页。

（2）译著

［美］汉斯·摩根索：《国家间的政治——为权力与和平而斗争》，杨岐鸣等译，商务印书馆 1993 年版，第 30—35 页。

（3）论文

徐步、杨帆：《中国—东盟关系：新的起航》，《国际问题研究》2016 年第 1 期，第 35—48 页。

2. 外文注释（以英文为例）

同中文注释的要求基本一致，只是论文名用引号，书名和杂志名用斜体。再次引用同一文献时，只需注明作者姓名、文献名和页码。具体格式举例如下：

（1）专著

Robert O. Keohane and Joseph S. Nye, *Power and Interdependence: World Politics in Transition*, Boston: Little Brown Company, 1997, p. 33.

（2）论文

Brewer, P. R., "International Trust and Public Opinion About World Affairs", *American Journal of Political Science*, Vol. 1, No. 48, 2003, pp. 93 – 109.

（3）文集中的论文

Steve Smith, "New Approaches to International Theory", in John Baylis and Steve Smith, eds., *The Globalization of World Politics*, Oxford: Oxford University Press, 1998, pp. 169 – 170.

3. 互联网资料注释

互联网资料格式参照以上中英文注释的要求，同时需要注明详细的网址以及登录时间。

（1）中文资料

许宁宁，"中国与东盟走过了不平凡的 20 年"，新浪财经网，2011 年 7 月 28 日，

http://finance.sina.com.cn/g/20110728/151310223248.shtml，登录时间：2015 年 9 月 6 日。

（2）英文资料

Richard Heydarian, "Japan Pivots South, with Eye on China", *The Asia Times online*, 26 January, 2013, http://www.atimes.com/atimes/Japan/OA26Dh01.html，登录时间：2015 年 12 月 22 日。